マルクス・ガブリエルの哲学

ポスト現代思想の射程

菅原潤

人文書院

マルクス・ガブリエルの哲学　目次

第三章　道徳的事実は存在する――『暗黒時代における道徳的進歩』　135

終章　現代思想、とりわけハーバーマスとデリダとの関係　215

マルクス・ガブリエルの哲学——ポスト現代思想の射程

序章　主著は三冊

ブームは去ったのか

二〇一八年一月に『なぜ世界は存在しないのか』（清水一浩訳、講談社選書メチエ）の邦訳が刊行された直後に通算で三度目の来日を果たすまで、マルクス・ガブリエルは時代の寵児とすら見られるほどのブームを巻き起こした。雑誌『現代思想』の一〇月増刊号ではガブリエルの特集が組まれ、ガブリエル抜きには現代哲学が語れないような雰囲気すら一時期は漂っていた。

けれどもそれから五年ほど経過した現在、ガブリエル自身はチャットGPT批判をするなどの活動を相変わらずおこなっているが、わが国の哲学・思想界の面々はまるでガブリエルという哲学者がいなかったかのように、元の各自の専門を探究しているという状況にある。その理由の一つとして挙げられるのは、先述の『なぜ世界は存在しないのか』の刊行以降、ガブリエルの単著が二冊しか邦訳されていないという事実である（『「私」は脳ではない――二一世紀のための精神の哲学』姫川多佳子訳、講談社選書メチエ、二〇一九年。『アートの力』大池惣太郎訳、堀之内出版、二〇二三年）。しかもこれら二冊は後述するように、彼の思想の根幹に触れる代物ではない。『なぜ世界は存在しないのか』の原型とも言える『意義の諸領野』を含めた複数の主著が邦訳されなければ、いつまで経ってもガブリエル哲学の真相は明らかにならないだろう。

邦訳が進まない理由

そうはいっても、この五年のあいだにわずか二冊しか訳されていないことには何がしかの事情があるのではないかと推測するのが自然な成り行きである。邦訳の遅滞の理由は個人的に幾つか承知してはいるが、その理由を説明するよりも重要なのは我が国の哲学研究の風土の問題である。近代哲学に限って言えば、原書を解読するためおおよそ英語・ドイツ語・フランス語を読み書きする能力が必要になるが、各々の語学を習得した研究者のあいだにはあまり交流がない風土のことである。具体的に言えば英語の文献を読み込む研究者は科学哲学と功利主義を専攻するものが多く、とりわけ前者についてはオーストリアから英国に移住したウィトゲンシュタインを読む以外にはドイツ語をほとんど必要としない。ドイツ語の文献読解を主とする研究者はカント、ヘーゲルといったドイツ観念論やフッサール、ニーチェ、ハイデガーを専門とすることが多いが、その者たちは科学哲学についての素養が乏しい。フランス語の文献を読む研究者ではベルクソン以外はメルロ＝ポンティその他の現代思想を生業とする者が多いが、その研究対象はおおむねドイツ観念論や現象学をベースとするため、ドイツ哲学の研究者と同様に科学哲学についての知見をほとんど有していない。

ところがマルクス・ガブリエルの哲学はドイツ観念論の伝統的な研究を素地としながら、そこにウィトゲンシュタイン、クリプキといった科学哲学の見地を盛り込んだ解釈を施しているので、そのテクストを邦訳するのに適切な人材が国内でなかなか見当たらない。ガブリエルのテクストはおおむねドイツ語で書かれているので、ドイツ語を得意とする研究者が適任なように思えるが、先述のようにその者は決まって科学哲学に詳しくはなく、かといってウィトゲンシュタインの原典を読み込んだ研究者に翻訳を依頼しても、その者にはドイツ観念論についての知識が乏しいというありさまである。最先端の思想を紹介するフランス現代思想の研究者に頼もうとしても、ドイツ哲学研究者と同様、科学哲学が分からないので、テクストの概要を紹介することすらできない。

それでは邦訳の適任者がいないという現況のなか、現代思想の一環としてなぜマルクス・ガブリエルの哲学が我が国に導入されたのかという問いが頭をよぎることだろう。実を言えばガブリエルと前後してフランスにおいて思弁的実在論の運動が台頭し、その運動と似た動向としてフランス現代思想の一部の研究者がついでにガブリエルを紹介していた。けれども本命の思弁的実在論の人気が今一つであるのに対し、ガブリエルの方では予想外のブームが巻き起こり、また相次いで刊行された著書が大がかりなために読み込むことができず、片手間に紹介することができなくなった。自身の生業であるフランス語の文献の読書の時間を省いてまで、ガブリエルの哲学を紹介するほどの義理はないと見切りをつけたのである。そのためガブリエルはテレビや新書を通じて政治的な発言が伝えられるものの、その思想については何も知られていないという今日の状況が生じてしまった。

数多くの単著本

それではガブリエルの著作がどれだけ多いかを、単著本に限って並べてみよう。

(2006) *Der Mensch im Mythos. Untersuchungen über Ontotheologie, Anthropologie und Selbstbewußtseinsgeschichte in Schellings Philosophie der Mythologie*（神話における人間。シェリング『神話の哲学』における存在神論、人間学および自己意識の歴史についての研究）

(2009) *Skeptizismus und Idealismus in der Antike*（古代における懐疑論と観念論）

(2011) *Transcendental Ontology. Essays in German Idealism*（超越論的存在論。ドイツ観念論試論）

(2012) *Die Erkenntnis der Welt. Eine Einführung in die Erkenntnistheorie*（世界の認識。認識論入門）

(2013) *Warum es die Welt nicht gibt*（なぜ世界は存在しないのか）

(2015) *Fields of Sense. A New Realist Ontology*（意義の諸領野。新実在論の存在論）

(2016) *Ich ist nicht Gehirn. Philosophie des Geistes für das 21. Jahrhundert*（私は脳ではない。二一世紀の精神哲学）

(2018) *Der Sinn des Denkens*（思考の意義）

(2020a) *The Power of Art*（芸術の権力）

(2020b) *Fiktionen*（諸々のフィクション）

(2020c) *Moralischer Fortschritt in dunklen Zeiten. Universale Werte für das 21. Jahrhundert*（暗黒時代における道徳的進歩。二一世紀の普遍的価値）

事情通の読者からみてこのラインナップはおかしいのではないかという異論が出ることが予想されるので、少し補足しておこう。二〇一七年には『意義と存在（Sinn und Existenz）』が刊行されているが、この書は（2015）をガブリエル自身がドイツ語訳したものである。また（2020a）については、これに先立つ二〇一八年にフランス語版が刊行されているものの、そのフランス語版は後に出る英語版、すなわち（2020a）からのフランス語訳になっている。ちなみにこのフランス語版からドイツ語版が翻訳されている。ここまで見てきて分かるように、ガブリエルは主として英語とドイツ語で著作を刊行しており、母国語で書かれている著書が著者のオリジナルだという発想は、そろそろ放棄した方がいいということになる。

主著の見極め方

単著本に限定してもこれだけの数があると、ガブリエルの思想を知るのにどれを読めばいいかに途方に暮れることだろう。そこでポイントになるのが、今し方述べた「意義の諸領野」である。この聞き慣れぬ術語を論じた（2015）がガブリエル哲学の最初の立脚点になる。ガブリエル自身の言によれば意義の領野の存在論（Sinnfeldontologie）、略してSFOの一般向けの著書が（2013）、（2016）、（2018）になる。そして（2006）から（2012）までが、自身の思想を確立するまでの修業時代の作品だと考えられる。

それでは（2015）より後はどうだろうか。（2020a）は（2020b）で扱いきれなかった問題を補足したものだと言えるので（2020b）と（2020c）が（2015）で掲げたガブリエルの立場のさらなる展開だと位置づけられる。するとこれら三書の関係はどうなっているのかに話が移るが、結論から言えば（2015）と（2020b）と（2020c）がカントの三批判書のような関係にあると考えれば、分かりやすくなると思われる。だからといって（2015）と（2020b）と（2020c）がそれぞれ、カントの『純粋理性批判』と『実践理性批判』と『判断力批判』に相当するわけではない。なるほど（2015）は第一批判と見なして構わないが、第三批判と第二批判の順番を逆にした上で、芸術の問題をクリアしたうえで実践の問題を論じているのがガブリエルの独創だと考えることができる。

こうして見るとガブリエルの哲学はカント的な体系の復興と見立てられそうだが、話はそう単純ではない。確かに体系構制としてはカントに準じているが、基本的な着想そのものは学生時代に専攻したシェリングにあり、カント的な道具立てを用いてクリプキをはじめとする科学哲学の手法で問題を処理するというのがガブリエルの流儀である。

こうした事情を受けて、以下の三章ではそれぞれ『意義の諸領野（以下『諸領野』と略記）』、『諸々のフィクション（以下『フィクション論』と略記）』、『暗黒時代における道徳的進歩（以下『進歩』と略記）』の概要を論じたうえで、現代思想とガブリエル哲学の関係を終章で考察してゆきたい。その際に補助線とするのは『超越論的存在論』（以下『存在論』と略記）と『芸術の権力』（以下『権力』と略記）であり、またジャーナリストのゲルト・スコーベルとの対談を収めた『善と悪のあいだ。根源的中間の哲学（Zwischen Gut und Böse. Pholosopie der radikalen Mitte, 2021）』（以下『善と悪』と略記）と、論理学者のグレアム・プリーストとの討論を収めた『あらゆるものと無（Everything and Nothing, 2023）』（以下『あらゆるもの』と略記）を付け加えたい。ここであえて対談ないし討論を収める本に注目する理由は、単著のみを読むと真意の理解の難しいガブリエル哲学の導きの糸を提供してくれるからである。

本書の読み方

それゆえ第一章、第二章、第三章ではそれぞれガブリエルの主著と見なされる『諸領野』と『フィクション論』と『進歩』の概要を説明してゆく。いずれもなじみの薄い著作であることに鑑み、各章の冒頭で読み解くためのテーゼを掲げることにする。そのうえで主著の目次を示して、基本的に順を追って重要なポイントを示す箇所の拙訳を多少長めに引用することとする（引用する文献の一部には邦訳があるが、訳語の選択等の方針に違いがあるので考慮しない）。現在のところわが国でガブリエルの哲学に親しんでいる読者はごくわずかであり、長めの文章を読んでこの少壮哲学者の人となりを知ってもらうというのが、その目的である。第一章と第二章は難解なので、具体的な問題が論じられる第三章を読んでから前二章に当たることを勧めたい。必要があればこれまで刊行されたインタビュー本の一部を紹介し、これらの主著等の主張との整合性を確認できることとする。

もちろん純粋に哲学的な議論に興味のある向きは第一章から読んでもらいたいし、また難解な議論はともかく芸術に関心のある向きは第二章の『権力』を論じる箇所だけを読んでもらってもいいだろう。本書にいちばん関心がありそうなのは恐らく現代思想、政治理論についてのある程度の素養を有する読者だろうが、そうした読者には終章から読むことを勧めたい。ガブリエルは現代思想全般、とりわけフランクフルト学派に批判的だが、そのなかで例外的なのはデリダであり、科学哲学の手法でデリダの問題圏に近づいている。科学哲学とデリダという組み合わせは奇妙に思われるかもしれないが、かつて東浩紀が『存在論的、郵便的』でおこなった仕事が参考になる。また政治理論としてはロールズに好意的であり、現代思想より以前にわが国でも流行していた実存主義を評価している。これら以外の多くの現代思想の論者にもガブリエルは言及しているが、本書ではここで述べられた論者に関する邦訳で読める文献のみを挙げるにとどめておく。ガブリエルのライヴァルと思われる思弁的実在論の論客との関係については、三つの主著を紹介する文脈に限定して論及することとする。

カントや実存主義といった現代思想以前の思想に親しんでいるガブリエルの哲学は、戦争の記憶の忘却とともに浸潤していった現代思想に代わって「ポスト現代思想」とでも言うべき射程を有することを強調してゆきたい。なお引用文中の傍点は原文ではイタリック、太字は原文でも太字である。

第一章　世界は存在しない――『意義の諸領野』

修業時代の模索

一つ目の主著である『諸領野』の内容を検討する前に、この主著にいたるまでのガブリエルの経歴を簡単に振り返っておこう。マルクス・ガブリエル（Markus Gabriel）は一九八〇年に当時のドイツ連邦共和国（西ドイツ）の首都ボンの近郊で出生した。少年時代より哲学書に親しみ、地元のボン大学でヴォルフラム・ホグレーベの指導の下でシェリングに関する博士論文を提出した。これが序章で示した『神話における人間』の原型をなす。この時点でガブリエルがシェリングを介して神話に注目していることに注意したい。この場合の「神話」はいわゆるギリシア神話とか北欧神話などの特定の地域に伝えられた伝承にとどまらず、近代以降で社会問題化しているイデオロギーやステレオタイプにも関わるものとして捉えられている。「神話」を社会問題化する視点は、後の二章で取り上げる二つの主著で打ち出される。

学位取得後にガブリエルが取り組んだのは懐疑論の研究である。一般に懐疑論として知られているのは古代の懐疑論とデカルトのいわゆる方法的懐疑になるが、ガブリエルは『古代における懐疑論と観念論』と『世界の認識。認識論入門』でそれぞれの懐疑論の潮流についての研究をおこなっている。なお前者は教授資格論文の原型にもなっており、論文提出を受けて二〇〇九年には二九歳の若さで母校ボン大学の教授に就任する。

懐疑論研究の矛先は一般的にはそれとは無縁と見なされているドイツ観念論にも向けられ、ヘーゲルとシェリングの議論を懐疑論的に読み換える作業が『存在論』で展開される。この時点で『なぜ世界は存在しないのか』と『諸領野』で提示される論点が次のように先取りされている。

> 今やわれわれが掲げる問いは、一切の領域の領域（ＤＤ）が実際に存在するかどうかである。ＤＤが存在するならば、ＤＤとそれ以外の一切の領域の双方を包含するという、高次のＤＤ*が存在しなければならない。この場合のＤＤ*は、一切の領域の領域という考

え方を把捉しようとする場合に捜し求められているものである。それゆえＤＤ*は、ＤＤの「真なる」審級である。そのＤＤ*が存在するかどうかを問えば、ＤＤ**の概念を形成しなければならず、この作業は無限に続くだろう。それゆえ客観を一切包含する究極的な領域は存在しないし、意義の領野の一切を包含できる意義の領野も存在しない（2011 xxvii）。

ここまでの思想的模索を追跡することで分かるのは、ガブリエルが当初はシェリングの神話の哲学の研究を介して宗教ないし芸術への関心を示すように見えながらも、観念論を懐疑論的に読み換えることで伝統的な形而上学の解体に挑もうとしていることである。形而上学の解体と言えばわれわれはすぐさまハイデガーやニーチェの仕事を連想するが、後述するようにガブリエルはナチスに利用されたこれら二人の哲学者から距離を置き、むしろカント的な伝統に立ち返りながら科学哲学の手法で問題に取り組む姿勢を見せている。

構成および緒論

『諸領野』の構成は次の通りである。

第一一章　様相Ⅱ。必然性、偶然性および論理的時間
第一二章　知識の形式。認識論的多元論
第一三章　事物自体のあり方としての意義

シリーズというのは『思弁的実在論』のシリーズの一巻ということであり、グレアム・ハーマンが編者として序言を寄せている。そのなかでハーマンは、ガブリエルの言語観が後述するクリプキよりもラッセルに近いという重大な指摘をおこなっている。また全体が「消極的存在論」と「積極的存在論」に二分されていることから、シェリングによる消極哲学と積極哲学の二分法を連想する向きもあるかもしれないが、この構成はそういう事情とは関係がない。むしろ緒論を精読するのが肝要である。『諸領野』に限らずガブリエルの著書は緒論で全体を圧縮したかたちで論じており、各章の概要を簡便に述べているのでそれを手掛かりに興味のある章を読むことを勧めたい。

緒論でガブリエルは自身の立場を「無世界観（no-world-view）」と名づける。つまり形而上学が想定する客観や領域は一切存在しないとする立場であり、このことを「世界は存在しない」と言い換える。この表現は先述の『存在論』における「客観を一切包含する究

極的な領域は存在しない」という言い方に対応し、また『なぜ世界は存在しないのか』に直結する問題意識でもある。この考え方をガブリエルは「存在論的多元論」と「認識論的多元論」という二つの見地から追求し、各々の論述を第一部と第二部に充てることを宣言する。こうして『諸領野』の構成がシェリング的な二元論と関わりがあるという見立ては斥けられることになる。

複数の領域を扱う存在論

『諸領野』第一章の「動物存在論」とは穏やかではない表現だが、生命体と存在を不可分のものとしたうえで、必ずしも人間とは限らない観察者の有無の観点で存在論を整理する言い方である。つまり観察者ありの世界であれば存在はその観察者が制作したものだということになり、逆に観察者抜きの世界であれば存在は観察者とは無縁で独立したものとなる。後者の見方が科学的自然主義だということは容易に気づかれるが、前者はデリダの脱構築をヒントにした構築主義だと推測される。本書の第三章で見るようにガブリエルは社会構築主義に依拠するトランスジェンダー論が自身の敵対者と同様にステレオタイプに陥っていると批判するが、ここでは構築主義が行き過ぎた観念論として扱われることだけを確認したい。

第二章では観察者の有無の地平とは違った観点での存在論の定式化が模索される。ここでガブリエルはラッセルの議論を援用して「性質」と「存在」を分離することを提案する。ラッセルは真偽を問える真理に対して事実は真偽を超える境地であることを示唆したが、そうした「真理」と「事実」の区別をガブリエルは「性質」と「存在」にも適用する。ここでガブリエルが念頭に置いているのは個体の取り扱いである。古来より個体は日を見るよりも明らかな存在の見本とされてきたが、ガブリエルによれば個体は何がしかの「性質」と表裏一体のものであって、直接的に個体にアプローチすると「存在」の問題を取り逃がしてしまうと考える。こうしたガブリエルの態度を怪訝に感じる向きがあるかもしれないが、個体ではない想像上の産物であるユニコーンも個体と同じ枠組みで取り扱おうとしていることを考慮すれば、それなりに合点がゆくだろう。『フィクション論』を扱う次章で詳しく論じるように、いわゆる現実とフィクションに質的な区別を設けないのが、ガブリエル哲学の大きな特徴である。

第三章ではカントとフレーゲの議論が吟味される。「性質」と「存在」を分離するガブリエルの主張にはカントの議論を連想させるものがあるが、そうなると先述のユニコーンのような想像上の産物は、厳密に言えば空間的かつ時間的に与えられた感性的所与をカテゴリー的に認識するという枠組に当てはまらなくなり、存在する事物の領域と存在しない事物の領域の二本立てというういささか見苦しい体系構制になってしまう。この問題を回避するためにガブリエルはユニコーンが語られる領域とその領域内のユニコーンそのものを区別する。そうなるとたとえユニコーンが語られる領域が偽であっても、その領域内のユニコーンも直ちに偽になるということはなくなる。つまりは複数の領域を設ける方が、一つの存在論という定式が維持されるというわけである。

ガブリエルによれば、そうした複数の領域を扱う存在論の枠組をフレーゲが提示している。フレーゲによれば存在とは個体が概念に包摂されることであり、また概念の外延が空集合よりも大きいことを意味する。この考え方を元にしてフレーゲはアリストレスの論理学を記号論理学に変換し、また量化思想を導入することで全称量化子と存在量化子の峻別を図った。この考え方にしたがえば包摂される概念の相異にしたがってさまざまな領域が存在論において並列することになるが、他方でフレーゲは個体を同一なものとして固定するため概念的に包摂する次元よりもう一つ上の次元を想定することによって、せっかく用意しかけた並列的な存在論の枠組を台無しにしてしまったとガブリエルは批判する。この問題は量化子の評価に直結する。例えば「最大の自然数というものは存在しない」という言い方は「自然数」という発想の起源を考えれば意味のない言明だということになる。

存在と量は、必ずしも同一の概念ではない。さらに言えば「卵が何個存在するのか」という問いは、卵を探しているある領域（意義の領野）内でのみ意味を成す。それは卵の数を意味するものである。「冷蔵庫のなかに卵は何個存在するのか」、「米国のスーパーマーケットの巨大な箱のなかに卵が何個存在するのか」、「この庭に卵が何個隠されているのか」等々である。これらの事例に共通するのは、卵を含むのに適切な領域（意義の領野）が存在することである。冷蔵庫、米国のスーパーマーケット、この庭がそうである。その意味で存在、あるいは存在の可能性が前提されるのは、正の自然数ほど複雑ではない数が答えとなるような、些細な数が問われる場合である（2015 96）。

要するに量化子が適用されるのは卵の存在が自明視される領域が前提されてのことで、そうした領域と「卵は存在するのか」という問いが及ぶ領域は区別されるべきだということである。だからといってガブリエルにとって「卵は存在するのか」という問いが「卵が何個存在するのか」という問いよりも根源的だとか上位にあるとかと言うつもりはない。つまり形而上学の道筋は取らない。大事なのは個体が適切な概念を包摂することである。

「領域」と「領野」の違い

第四章は集合論に興味のある人だけに読んでもらうことにして、ガブリエル自身の論点を打ち出している第五章に進むことにしよう。まずは領域存在論の原型をアリストテレスに認めたうえで、その領域存在論と神や世界といった超越的存在を論じる形而上学をアリストテレスが混同していることをガブリエルは批判する。両者の区別についてカントは自覚的だったが、カントのように形而上学が論じる神や世界を統制的理念として扱うこともガブリエルは斥ける。『存在論』の一節で触れたことからも知られるように領域の上位概念であるような領域、あるいは一切の領域を包含するような領域をガブリエルは認めないのであり、そうしたメタ領域とでも言うべきものを「世界」と名づけたうえでこれを否認する。続く第六章では——いずれもすでに引用文に登場しているが——「領域（domain）」に代わって「領野（field）」の語を用いる理由が説明される。

私の領野概念の使用法は、存在論における領域概念に取って代わることを意図している。領野は一般的に構築されるものではなく、その効力は対象が入り込むことで感じ取られる。〔中略〕領野は客観的構造を提供し、その構造内で現出する対象と相互行為をなす。領野はすでに存在し、対象はその領野を通じて自身の性質を転換する。領野は水平でも地平でもない。事物のあり方を知る手立てを説明するために導入された、認識論的存在者ないし客観ではない。領野がなければ何も存在しないというなかでの、事物のあり方の本質的な部分のことである（2015 157–158）。

要するに「領域」と言う場合は、そのなかに何かが存在するかどうかにかかわらず領域が自立的に存在するイメージが持たれるのに対し、「領野」はむしろそこに何かが存在することが知られることではじめて感知される場所だということである。それゆえ「領野」に帰属する対象の外延が空集合と同じということはあり得ない。

こうしてガブリエルは自身の哲学的立場を本章で話題にする著書と同じ名称である「意義の諸領野」と述べ、次のように定式化する。

何かが存在することは、何かが領野において対象であることである。「存在すること」、「対象であること」および「意義の領野において現出すること」は存在論的に同義である。これらはみな同一の事実を指示している。それゆえあらゆる領野は、それが存在する限り対象でもある。領野は機能的概念でもある。それは対象を浮き立たせる背景を指示する機能に役立っている。領野が対象を基礎づけ、基礎づけられた対象は別の領野のうちでも基礎づけられる。ここでの「基礎づけ」というメタファーは、伝統的には「現出」と呼ばれるものの機能に役立っている（2015 167）。

この直後にガブリエルは「意義の諸領野」を着想したきっかけとして、自身によるシェリングの『自由論』の読解だと告白している。「存在する限りでの本質」と「存在の根拠である限りでの本質」の区別という論点が重要だと言うことだが、私見によればむしろ、自身の師匠であるホグレーベによる『世界の年代』の読解法をきっかけとする方が分かりやすい。この事情については終章で若干論じることとし、本書で「意義の諸領野」と訳する理由について少し述べておきたい。

なぜ「意味の場」ではないのか

この辺りで『なぜ世界は存在しないのか』の邦訳により流通している「意味の場」の訳語を採用しないことの理由を説明しておこう。本書で提案する「意義の諸領野」といういささか落ち着きのない訳語と較べると、確かに「意味の場」という訳語はスマートで、ガブリエルを二一世紀の大哲学者として崇めたい向きにはうってつけのように思われる。けれどもここまでの経緯を見れば分かるように、ガブリエルは fields of sense という発想を得るまでアリストテレス、カント、フレーゲといった大哲学者との格闘をおこなっている。とりわけフレーゲからは個体が概念に包摂されることを存在と見なす着想を得ていることに鑑みれば、次章で見るように「意味」と「意義」をフレーゲが区別した文脈を無視して「意味」を用いるのは、ガブリエルを交えた哲学史の展開を無視するものと言わざるを得ない。フレーゲの意図を尊重するためには、やはりフレーゲが sense ないし Sinn に充てた「意義」を採用するのが順当である。

次は「場」についてである。先に引用した「領域」と「領野」の違いを述べる個所でガブリエルは field の具体的な事例として「電磁場」を挙げているので、その意味では「領野」よりも「場」の方が適切な訳語になるかもしれない。けれどもそうなれば「領域」との地続きの意味合いが見過ごされる可能性が残ってしまうし、そもそも「意味の場」という言い方では、後述するような意義の領野が複数存在するという重大な視点が見落とされることになるだろう。

もしも「意味の場」をガブリエルが提唱していると仮定して、この語のみから連想されるイメージはいかなるものになるだろうか。いささか勝手な推測を許してもらえるならば、インターネットが当たり前になった現代において、パソコンないしスマホを所持する各自がネットワークを通じてつながっているというイメージではないだろうか。インターネットという「場」のなかで各自が「意味」をなし、そのインターネットを介して各自が相関的な関係をなすということである。けれども次章で詳しく論じるように、ガブリエルはインターネット、とりわけSNSについては批判的であり、また単一的で無限に張りめぐらされる網の目のようなことを field という語に読み込んでいない。むしろ fields of sense という原語を注視すれば明らかになるように、field が複数存在することが自明とされている。次章で論じるようにそれぞれの field が出会い葛藤する「社会的事実」をガブリエルが重視していることを考慮すれば、すべてがネットでつながっている状況を連想させる「意味の場」という訳語は、ガブリエル哲学の真意を完全に歪曲する可能性を胚胎していると言わざるを得ない。

世界は存在しない

第一部の締め括りとしてガブリエルは、いわゆる「世界」についての考え方を次のように定義する。

「世界」という語で目論まれているのは、無制限の全面的なあらゆる種類の全体性である。そのなかには存在の全体性、存在するものの全体性、客観の全体性、存在者の全体ないし、事実あるいは状態の全体性も含まれる。世界により通常意味されるのは究極的で一切を包含する統一体ないし本質の指示である。あらゆるものが生じる場所であることが想定されている。形而上学が世界としての世界の研究として理解されていることを、今一度繰り返させてほしい。〔中略〕

私自身は、メタ形而上学的ニヒリストである。メタ形而上学的ニヒリズムとは、形而上学はいかなる客観も有しないという見方である。その点で形而上学は魔女学のようなものである。魔女学とはヨーロッパのあれこれの国（例えばスペイン）において魔女が存在することを想定した、魔女についての学問である。せいぜいのところ形而上学は、さまざまな意味で「無についての見世物」で著名な存在の領野のようなものである。〔中略〕見世物とは形而上学であるようなものに他ならない。それは隠された次元を指示しない（2015 187）。

そこで改めて「意義の諸領野」が次のようにテーゼ的に示される。

一．存在することは意義の領野において現出することである。
二．何であれ対象が存在すれば、その対象は意義の領野において現出する。
三．意義の領野は存在する。
四．そのなかで意義の領野が現出する領野が存在する（2015 188）。

こうした「無世界観」というものが第一部の消極的存在論のうちの「消極的」の特徴をなしている。なお第一部ではユニコーンという想像上の客観の存在についていろいろと議論されてはいるが、この議論は次章で扱う『フィクション論』の枠組を通じて見てゆく方が分かりやすい。

平坦な存在論

「世界が存在しない」ことを結論づけるという意味で第一部の消極的存在論が締め括られるのに対し、第二部の積極的存在論では無数の意義の諸領野が存在することをガブリエルは力説する。その際にガブリエルが注意を促すのは、様相の次元である。

第八章で取り上げられるのは、必然性の様相である。幾つもの意義の諸領野を統括する「世界」に拘泥する論者を、ガブリエルは諸領野を一元的に把捉する体系が「必然的」だと考えていると見なす。そうした一元論は形而上学的一元論と名づけられる。この決めつけにあらがって形而上学的二元論とか形而上学的有限主義とか、はたまた形而上学的無限主義などが構想されるかもしれないが、それらはいずれも形而上学的一元論の枠組から脱却してないと見なされる。ガブリエルによれば原理の数が一つであれ二つであれ、あるいは有限数であれ無限数であれそこで想定されているのは、その数で表示されている原理が必然的に存在論を規定するという発想を超出していないことになるからである。

それでは無数の意義の諸領野を提唱する積極的存在論を特徴づける、数とは違う言い方は何になるのだろうか。そこでガブリエルが提唱するのが「機能的柔軟性の原理」という聞き慣れない原理の導入である。次のような事例に注目しよう。

テーブルの上に三つの立方体が存在するとしよう。赤色と青色と白色の立方体である。誰かがテーブルに近づいて、テーブルの上に幾つ対象が存在するかと問い質すとしよう。この問いに対する自然な答えは、もちろん三つである。この場合の通行人は、立方体を数えていたのかもしれない。したがってその通行人の規則は「立方体を数えよ」という格言である。けれども数え方の規則が異なれば、テーブルの上の対象のグループ化の規則も明らかに異なってゆく。立方体の側面を数えれば、その答えは一八になる。フランス国旗の抽象的な表象を数えれば、その答えは一つになる。さらに言えば数え切るのが非常に困難ではあるものの、原子を数え上げることもあり得るので、その場合の対象の合計は三つや一八よりもはるかに多い（2015 223-224）。

ここで重要なのは「テーブルの上に幾つ対象が存在するか」と問われる場合の「対象」のフォーマットが必ずしも一義的ではないということである。もちろん常識的に考えれば当該の対象を立方体と解するのが自然だが、それを「立方体の側面」と見なしたり「フランス国旗」と見なしたりすることは、論理的にはあり得る。こうした幾つものの解釈が分かれるような状況を、ガブリエルは「状況の意義」と名づける。

> 「状況の意義」は「テーブルの上に存在する対象は幾つか」という問いに対するよりも「テーブルの上に何が存在するか」という問いに対する対応である。この場合の意義は、事物の限定された数が言われる意義の状況を個体化する。立方体の意義の領野においてテーブルの上に三つの客観が真であるのとまったく同様に、原子の意義の領野においてテーブルの上にn個の原子が存在するというのも真である。通行人の用いる数え方の規則は客観的であって、心理的構築や言語的表象ではない。これは客観を数える理由でもある。意義の領野を一覧する意義の領野も存在する。この領野における意義はx個存在し、そのxに相当する数は不定である。なぜなら意義の増殖を制限する明快な規則を個体化できないからである（2015 224）。

つまり問題なのは状況を把握する原理の数をあらかじめ確定することではなく、状況次第により同じ問いかけに対する答えが果てしなく増殖することである。それゆえガブリエルが意義の諸領野が無数に存在すると言う場合も、ガブリエルが掲げる原理が無数だと解してはならない。むしろ状況次第で把握の仕方が無数になってゆくという風に考えるべきである。「機能的柔軟性の原理」とは、通常であれば「立方体を数えよ」として受け取られるはずの問いかけに対して意外な回答がなされる際にも、動ぜず素早く対応する姿勢だと考えるとよい。次章で取り上げるように、この原理はクリプキの規則遵守のパラドックスを通じてさらに追求される。

このように考えれば、例えば自然科学的真理が絶対的だという主張、あるいは後期フッサールが提唱するような生活世界が科学的思考の下敷きになっているような主張も成り立たなくなる。要するにいずれかの意義の領野の命題が他の意義の諸領野を支配するという関係は存在せず、いずれの意義の領野も身分的にはフラットな関係になる。このことを評してガブリエルは第九章で「平坦な存在論」と呼んでいる。

平坦な存在論の主張によれば対象である限りでの一切の対象は対等であり、また意義の領野である限りでの一切の意義の領野も対等である。換言すれば平坦な存在論が盾突くのは、一切の対象を統一する支配的原理の着想である。平坦な存在論はその現実的構造が各々の性質を限定する対象の共存という考え方を持ち込み、自分より上位の実体的概念と関わるという事実を拒むことで、諸々の対象ないし諸々の存在者の実体的統一という考え方を置き換える。平坦な存在論は現実的対象を濾過し、そしてそれを骨子にまであぶり出すことで帰結するのであり、対象が現実的にはどのように想定されているかを問い質さない。現実的対象を基本的にはデフレ的構造に還元することで対象の幾つかをくつがえすという事例が平坦な存在論であり、またデフレ的構造とは対象を指示するという意味でのことだから、実体的洞察に帰結することはない（2015 252）。

終章で述べるようにガブリエルの政治的立場を敢えて問えばそれはアナーキズムということになるが、その立場はこうした平坦な存在論に裏打ちされていると考えることができる。

可能世界の否認

このようにガブリエルは存在論の構築にあたって必然性の様相を否認するわけだが、他に残った可能性と現実性の様相についてはどう考えているのか。この問題を追求するのが第一〇章であり、興味深いのは着想次第でその数が無際限に増殖する「意義の諸領野」と近しく思われる「可能世界」を、ガブリエルがきっぱりと拒絶していることである。

可能世界の提唱者としてガブリエルが想定しているのが、ウィトゲンシュタインの解釈者としても知られている米国の哲学者のソール・クリプキである。クリプキは例えばリチャード・ニクソンのような実在の人物について、当該の人物にまつわる可能な出来事を述定するという外延主義を経由することで、その人物の内実を決定するという作業をおこなってきた（八木沢敬・野家啓一訳『名指しと必然性――様相の形而上学と心身問題』産業図書、一九八五年）。けれどもガブリエルによれば例えばアーノルド・シュワルツェネッガーが第三八代カリフォルニア州知事に選ばれない可能性を考察する際に、そのシュワルツェネッガーが性転換手術をしてノルウェーの売春婦になるという選択肢を他の数多くの選択肢と同等の身分において考察することに、いかなる意味があるのかと疑問を投げかける。こうした疑問を追究することで、ガブリエルはデンマークの市民権を事例にして、次のように現実性と可能性を位置づける。

現実性は何らかの対象が何らかの意義の領野に現出する事実である。可能性は何らかの領野において現出するものに関わらないまま、意義の領野を支配する意義である。可能性は現実性の抽象態である。まず現実性が与えられ、そこから現実性の可能性を明るみに出す企てが可能になる。例えば誰かと他の誰かがデンマーク市民だとする。両者がデンマーク市民であり得る理由は、デンマーク市民権に関する規則ないし法律が、デンマーク市民の複数性を許容するからである。関連する法律により定義された幾つもの書類を誰かが提出すれば、その誰かはデンマーク市民と見なされる（し、実際にデンマーク市民となる）。これらの書類の一切が「デンマーク市民」を支配する意義を左右する。それゆえ誰でもデンマーク市民の同一性を得て、法律に基づいてデンマーク市民になれる。〔中略〕現実的なものが可能的だというのは、言うならば現実的なものがつねに現出するとしても、それは他の意義が左右する支配的な意義により個体化された意義の領野においてのことだということであり、またそういう意味でこのことは真である（2015 267）。

つまり何かは一方の意義の領野において現出しないという場合に可能性という様相を呈

するが、その何かは他方の意義の領野に移行することで現実的になるという構造になっている。言い換えれば、どこかの意義の領野を経由すれば何でも必ず現実的になるという構造である。ＳＦＯがかかる構造であれば、現実性とは別個にあえて可能性について論じる必要がないというのがガブリエルの考えである。マルクス・ガブリエルが現実的にはドイツ市民であることに例にして考えてみよう。ドイツ市民という一方の意義の領野においてガブリエルがデンマーク市民であることは可能性に属するが、一定の手続きを通じてデンマーク市民になれば、デンマーク市民という別の意義の領野においてガブリエルは現実的にデンマーク市民であるのだから、意義の諸領野の議論に可能性および可能世界を持ち込まずとも話が進むと考えるのである。

もちろん可能性および可能世界の否認のレヴェルとは別に、シュワルツェネッガーが性転換手術をしてノルウェーの売春婦になるというかなり無理のある選択肢を他の選択肢と同等に扱うべきかという問題は残されることだろう。これについてガブリエルはフィクションの枠組での妥当性で処理するという考えを示しているが、これについては改めてクリプキの議論を検討する次章で見てゆくこととする。

偶然性の処理

こうしてガブリエルは幾つかの様相のうちで現実性のみを意義の諸領野で処理可能なものと見なすわけだが、そうなると先に体系構築にあたって排除された必然性の反対概念である偶然性はどうなるのかという疑念が頭をもたげてくる。現実性は偶然性と近しいようにも思えるし、あるいは先述の可能性の処理を考慮すれば、むしろ可能性と呼ばれるものに関わりがあるようにも思える。そうした必然性と偶然性の関係を、ガブリエルは第一一章において次のようにテーゼ的に定式化している。

一．「あらゆる存在者は偶然的に存在する」とか「あらゆるものが偶然的である」といった言い方が存在するが、そうした言い方のなかの「あらゆる」とか「あらゆるもの」の意図に完全に対応する様相は存在しないのであり、その事情は無制限的な一般的な量化が存在しないのと同様である（無世界観の適用）。

二．必然性と偶然性は、所与の領野内の個体同士の関係を特徴づける領野内の様相である。それゆえ一個の個体ないし存在者は、必然的でも偶然的でもない。個体の孤立した存在ないし現実性は、様相的変数（偶然性）ないし定数（必然性）の要件ではまったくない。

三．いずれにせよ偶然的存在は、一方の領野と他の領野内の対象のあいだの関係であり、また後者において元の領野が対象となる。〔中略〕したがってわれわれは、あらゆるものの全面的な偶然性を判断する立場に立つことはない。なぜならそのような立場に立てば、一切の領野と意義の領野内に現出する一切の対象を見渡す可能性を前提するが、その前提は同時に自身の必然性を排除する可能性を有してしまうからである（2015 300）。

これら三つのテーゼを簡略に説明するのは難しい。先ず「「あらゆるものが偶然的である」ことが必然的である」という言い方が自家撞着をきたすことは、容易に認められるだろう。けれどもこの命題を口にする以前に、そもそも「偶然的」と形容されるものを「全体化」すること自体が「偶然性」を捉え損なっていると考えれば、分かりやすくなる。「偶然的」という言い方で目指されているのは、この語で形容されるものの十全なありようを一部否定することにとどまるのだから、全面的な否認にはいたらない。ガブリエルの言い方にしたがえば偶然性は別の意義の領野において元の意義の領野が別様に現出するということになり、その現出においてそれなりの現実性が獲得される。

実を言えばこれら三つのテーゼ化は、思弁的実在論の論客の一人であるカンタン・メイヤスーに対する批判を意識してのものである。ガブリエルはメイヤスーの主張の核心を「必然的に必然的な存在者は存在しない」という命題に集約したうえで、この命題が言わんとする方向性が必然性なのか、それとも偶然性なのかに疑問を投げかける。もちろんこうした姿勢はメイヤスーの主張するところの、必然性と偶然性の対立を超えたハイパーカオスの構築に向けてのものだが（千葉雅也・大橋完太郎・星野太訳『有限性の後で――偶然性の必然性についての試論』二〇一六年、人文書院）、こうした二つの様相の相剋はガブリエルから言わせれば一つの意義の領野内で話をつけるか、複数の意義の領野のあいだでの視点の移動をするかで処理できる。様相の問題について過度の神秘化を避けるのが、ガブリエルのここでの目論見である。

残された問題

『諸領野』の主な議論はここで終わり、続く第一二章と第一三章ではそれぞれデカルトとフレーゲの議論についてのコメントが付される。このうちで重要なのは前者の可謬性についての議論だが、それについては次章で詳しく取り上げることとし『諸領野』の議論の特徴とその問題点を最後に論じたい。

『諸領野』が問題にしたのは、本章のはじめで論及したように伝統的な形而上学の解体である。例えばプラトンの言うところのイデアとその影、カントの言うところの物自体と現象、ハイデガーの言うところの存在と存在者の区別に共通するのは、可視化ないし言語化できるものとそれを超えるものを見定めるという定式化のなす、二階的な階層秩序である。その表現の仕方は上下関係だったり奥行きだったりとさまざまだが、いずれにせよ一部の部位が特権的な立場をなす階層秩序である。これに対してガブリエルは意義の領野が無際限に増殖し、しかも意義の領野同士の関係は並立的だとする平坦な存在論を掲げている。そこで様相の問題は当該の領野における事物の現出の仕方に関わる現実性のみが問題とされ、必然性は当該の領野内の事物同士の関係として、可能性は意義の領野のあいだの移動の枠組で処理されることになった。

ある種の特権的な地位を占める領域の否認はまさしく形而上学の解体を意味するのだろうが、ここで大きな問題が生じることになる。『諸領野』の第三章では「ユニコーンが存在する」という命題が取り沙汰されたが、この命題を「アラーの神が存在する」とか「万有引力の法則が存在する」といった命題と同列に扱うことに、何か違和感は覚えないかという問題である。また意義の領野のあいだの移動はどのように定式化されるのだろうか。第一〇章ではデンマーク市民法の手続きによりドイツ人という意義の領野からデンマーク人という意義の領野への移動が説明されたが、これを哲学的にどう定式化できるのかという問題である。これらはいずれも次章で検討する『フィクション論』で論じられることに注意したい。

第二章　ユニコーンは存在する──『諸々のフィクション』

難解な書の構成

『フィクション論』は『諸領野』とは違って、直接的には海外交流の産物である。具体的に言えばガブリエルがパリ大学に自身の研究の拠点をつくるため、二〇一七年から二〇一九年にかけて数回訪問したパリ在住の研究者との討論を通じて執筆された単著である。直後に周知のように全世界で新型コロナウィルスが流行したので、その後のパリ大学との交流に何か進展があったのかは不明である。

『フィクション論』の構成は次の通りである。

序言

第一二章　社会的事実の本性
第一三章　われわれの生き残りの形式――不透明な社会
第一四章　実在論的に考えられた規則遵守
第一五章　神話、イデオロギー、フィクション
第一六章　社会的ネットワークの存在論について
第一七章　精神の公共性
有終の美。ポスト事実的時代の亡霊を追放するのが肝要である

六〇〇頁を超える大著でありしかも議論が難解なので、最初から読み始めると挫折するのが必至である。社会的な関心のある向きは第三部から読み始め、あたりをつけてから第一部と第二部を読むことを勧めたい。第二部は『諸領野』についての異論や批判に対する応答が多く（特に第一〇章）、煩瑣な議論が続くので細部を気にせず読み進むのがよい。ガブリエルの議論はときに脱線して具体的な事例の話を続けることがあるが、その部分を読み飛ばしても議論の趣旨は理解可能である。なお第三部ではイデオロギー論などが取り上げられ『進歩』で論じられるステレオタイプ論の土台となることに注意したい。

『あらゆるものと無』との関係

このように難解な『フィクション論』ではあるが、序章でも触れたグレアム・プリーストとの共著本である『あらゆるもの』を介在させると少なくとも『フィクション論』の文脈が読めてくるので、併読を勧めたい。『あらゆるもの』は二〇一七年一一月にボン大学で両者がおこなった講演と、二〇二一年八月一六日から二〇日にかけておこなわれた計五回の討論を収めたものである。今しがた紹介した『フィクション論』を執筆した時期とこれらの活動がほぼ重なっていることに注意したい。確かに『あらゆるもの』は『フィクション論』より後に出版されはしたが、後述するようにプリーストとの討論を通じて得られた着想を『フィクション論』の叙述に織り込んだ形跡が何箇所かで見受けられる。とりわけ唐突にも思える非存在論的隔絶主義と志向性概念の導入は、プリーストとの意見交換がなければ考えられない。そこで本章では文脈に応じて『あらゆるもの』の議論の紹介を交えることとする。

討論の相手であるプリーストはわが国ではそれほど有名ではないので、手短に紹介しておく。グレアム・プリースト（Greham Priest）は一九四八年生まれのオーストラリアの論理学者であり哲学者である。メルボルン大学を拠点として活動し、矛盾を真と見なす真矛盾主義（dialetheism）を主張している。和訳書には『論理学』（菅沼聡訳、岩波書店、二〇〇八年）と『存在しないものに向かって――志向性の論理と形而上学』（久木田水生・藤川直也訳、勁草書房、二〇一一年）がある。他方で空手を愛好し、東洋思想にも詳しいという一面もある。ガブリエルとは親子ぐらいに年が離れているが、対等な立場で忌憚のない意見交換をしている姿に注目したい。『あらゆるもの』を介在させると『フィクション論』のみならず『諸領野』の理解が深まるところがあるので、ある意味で『あらゆるもの』は『諸領野』のプロレゴーメナ的存在と言っていいだろう。

可謬性への着目

話を『フィクション論』に戻そう。緒論においてガブリエルは、フィクションを論じるにあたって存在ないし現実と仮象の二元論をあらかじめ斥け、フィクションに対する意識の有無を抜きにしてわれわれの思考の枠組が可謬的だということを強調する。ここですでに「先回りのできなさ」というキーワードが現われる。

本書は現実の総体と称されるものを精神と世界、表象と原因、存在と当為、文化と自然、システムと環境等々に二分する代わりに、人文学的な先回りのできなさのテーゼ（humanisitische Unhintergebbarkeitsthese）を掲げたい。このテーゼによれば人間は精神的生命体として、あらゆる存在論的研究において先回りのできない出発点をなす。あらゆる理論形成においてわれわれは存在論以前の、科学以前の経験から出発する。その経験は現実的なものであり、また他の現実的なものとの接点を有している。存在論以前のものは、知覚の様態を通じてわれわれに現実的なものを提示する。しかもそうなる理由は、知覚そのものが現実的なものだからである。知覚は確かに錯覚の誘因を胚胎させてはいるが、その誘因ゆえにかえって客観的になる、つまりは真理を認容できるというのが、私の議論である。真理を把捉できるのは、誤認できる者のみである。誤りの源泉がなければ、客観性も存在しようがない。客観性には、それを要求する者を覆すところがあるからである（2020b 21–22）。

周知のように知覚には錯覚その他の誤認の要因があるが、その誤認も同じ知覚を用いてただすことができる。例えば遠方では円筒に見える煙突が、近くまで来ると四角いことが分かるというのは、ガブリエル的には意義の領野を変更することでただすことができたということになる。それゆえ誤認するという理由によって知覚を全面的に否認するわけにはいかず、与えられた知覚の一部改訂というかたちになる。このことは前章の末尾で述べた「偶然性」の取り扱いと同じである。

ガブリエルによればむしろ「誤認」は真理にいたるための要因となる。このことは『諸領野』の第一二節における「可謬性（fallibility）」の議論と共鳴するものである。

可謬性だけでは、懐疑論ないし根本的懐疑のいかなる形式も産み出さない。それが意味するのは、失敗の条件にはありとあらゆる種類が存在することに過ぎない。可謬性につながるただ一つの起源とか、そうした起源にまつわる統一的な体系が存在する必要はない。同じ理由により、一切の知識的主張が失敗するわけではない。ロンドンは雨天であるという主張が目下当たっていないかもしれない理由は、間違った人物を頼りにしたり間違った天気予報をチェックしたりしたからである。スミスがジョーンズを愛すると主張するのが外れているかもしれない理由は、狡猾にもスミスがジョーンズを愛するふりをする選択肢を私が考慮していないからである。あらゆるものについて誤って終止符を打たせる可謬性のようなものは、存在しない。可謬性という概念そのものが、分析のレヴェルで細切れなのであり、その理由はある種の知識的主張とその主張の条件のあいだを関係づけるべく定式化された、高度に特殊な条件的なものという考え方に由来するからである（2020b 321-322）。

ここでは可謬性の概念が直ちに懐疑論ないし根本的懐疑を導かないことが先取りされている。それどころか可謬性を対話形式に持ち込めば相手を一方的に非難するどころか、それぞれの不備を改める契機になることが含意される。こうした可謬性の概念を念頭に入れたうえで、ガブリエルのフィクション概念を見て行くことにしよう。

フィクションを論じるきっかけ

そもそもガブリエルがフィクションを取り上げるのは、どちらかと言えば当人の意思によるものではない。『あらゆるもの』に所収の論考のなかで、プリーストがアルゼンチンの著名な小説家であるボルヘスの短編小説『アレフ』を取り上げ、小説内で「世界」を一望する情景が描写されると指摘したことを受けてのものである。

少しややこしい話になるが、ここで取り上げる『アレフ』は小説集『アレフ』に収められた書名と同名の一篇の小説である。小説の登場人物はブエノスアイレスの一角の食堂の地下室に「アレフ」という「点のすべてを含む空間の一点」を紹介される。少々長くなるが、参考までに登場人物が「アレフ」を見物した情景を見ておこう。

〈アレフ〉の直径は二、三センチと思われたが、宇宙空間が少しも大きさを減じることなくそこに在った。すべての物（例えば、鏡面）が無際限な物であった。なぜならば、私はその物を宇宙のすべての地点から、鮮明に見ていたからだ。私は、波のたち騒ぐ海を見た。朝明けと夕暮れを見た。アメリカ大陸の大群集を見た。黒いピラミッドの中心の銀色に光る蜘蛛の巣を見た。崩れた迷宮（これはロンドンであった）も見た。鏡を覗くように、間近から私の様子を窺っている無数の眼を見た。一つとして私を映すものはなかったが、地球上のあらゆる鏡を見た。ソレル街のある奥庭で、三十年前にフレイ・ベントスの一軒の家の玄関で眼にしたのと同じ舗石を見た。葡萄の房、雪、タバコ、金属の鉱脈、水蒸気、などを見た。熱帯の砂漠の凹地や砂粒の一つ一つを見た。インヴァネスで忘れられない一人の女を見た。乱れた髪を、驕りたかぶった裸を見た。乳房の癌を見た。以前は木が植えられていたが、参道の土の乾いた円を見た。アドロケーの別荘を、かのフィレモン・ホランドの手になる、プリニウスの英訳の初版本を見た。あらゆるページのあらゆる文字を同時に見た（子どものころの私は、閉じた本の文字たちが、夜のうちに、混ざり合ったり消えたりしないのが不思議でならなかった）。夜を、同時に昼を見た。ベンガルの薔薇の色を映しているかのような、ケレタロの落日を見た。無人の、私の寝室を見た。アルクマールの書斎で、無限に増幅させていく二枚の鏡に挟まれた地球儀を見た。カスピ海の夜明けの浜辺で、たてがみを振り乱した馬たちを見た。ある手の華奢な骨組みを見た。ある戦闘の生存者たちが葉書を書き送るのを見た。ミルザプルのショーウィンドーで、スペイン式のトランプの一組を見た。温室の床に斜めに落ちた羊歯の影を見た。虎、ピストン、バイソン、波濤、軍勢を見た。地上に棲むすべての蟻を見た。ペルシアの天文儀を見た。ベアトリスがカルロス・アルヘンティノに差し出したものだが、内容の淫らな、信じられない、詳しい手紙の類い（筆跡だけでも私は震える）を、デスクの引き出しの中で見た。チャカリテで慕わしい墓碑を見た。かつては麗わしのベアトリス・ビテルボであった人の、恐ろしげな残存物を見た。私のどす黒い血液の循環を見た。愛のからくりと死の変容を見た。あらゆる点から〈アレフ〉を見た。〈アレフ〉に地球を見た。ふたたび地球に〈アレフ〉を、〈アレフ〉に地球を見た（『ア

レフ』鼓直訳、岩波文庫、二〇一七年、二一四〜二一六頁)。

なかなかの美文が続くが、ここでは「アレフ」が見せる情景と、それを描写する小説の語り手の関係のみに注目したい。以上の描写を念頭に置きつつ、プリーストは次のように書く。

小説の語り手が友人を訪問すると、その友人は語り手をアレフと称する地下室の一角に連れて行った。その一角からは二人の前方に全世界が広がっているのが見えた。もちろん前方に広がっているように語り手に見えたものはアレフを見ている語り手自身であり、またアレフのうちには、アレフを見ている語り手がいるという具合である。われわれはこの種の後退を問題にしている。もちろんこれは一つの物語に過ぎないが、まったく整合的な物語である(2023 28)。

「世界」について語っていることを指摘しながら、その語り方が整合的だということをプリーストは指摘している。これに対してガブリエルは『アレフ』が小説というフィクションの形式であるという至極当然の事実に着目し、形而上学的問題とフィクションは区別すべきだと説く。

私見によれば、短編小説の枠内でアレフについて考える方法は「まったく整合的」ですらない。「アレフ」という意義の領野内のフィクション的対象の存在論的立場を備えて、現実のアレフが存在するという事例にはなっていない。この論点を私は自分なりの文学論的読解のうちに導入し、それを一般化するつもりである（2023 44）。

ここで示唆されている「文学論的読解」が本章で扱う『フィクション論』に他ならない。『フィクション論』の目次を見れば容易に知られるように、この「アレフ」を用例とする論述が第四章でおこなわれている。ガブリエルにとってのフィクション論が純然たる芸術論ではなく、形而上学的問題と地続きで捉えられていることに注意したい。

フィクションとは何か

『フィクション論』の中身に戻ろう。ここまでの叙述からある程度推測できることだが、ガブリエルにとって「フィクション」はいわゆる物語、絵画、彫刻、音楽あるいは映画といった芸術作品に限られるものではない。例えば法律、自然科学、日々われわれの見る夢といった、ある意味で日常生活に定位しながらその枠組を超出するような出来事は、ことごとくフィクションに含むことができる。こうしたことに留意しつつ、ガブリエルによるフィクションの定義を見ておこう。

厳密に言えばフィクションとは、われわれの生活の情景における対象に関わる空間内の心理的出来事である。われわれは意識的生活のあらゆる瞬間において、情景に身を置いている。その際にわれわれはつねに意識的に体験された環境をくまなく精査するが、そこで考慮されているのがフィクションに関連する条件下で現出する対象である。この観点からすればわれわれの知覚する現実には、その都度刻印が捺されている。情景の変転はあらゆる瞬間に生じる。知覚野が主観的になったり、客観的になったりと絶えず変容する。そうでありながらわれわれは（個別の事例ではいろいろあるかもしれないが）定常的な対象から出発しているという認可を受けている。無数の情景をつなぎ止めているのがフィクションである。すなわちわれわれの知覚野ではその都度体験することのない環境をあれこれと飾り立てることで、部分的に説明可能にするための想定である。われわれがどのようにその都度の知覚野をくまなく精査し変容するかは、どのように（過去把持的であれ未来予持的であれ）関連を潤色するかに左右される。こうした所与からの超出により、その所与を現実的なものとして格付けすることができる（2020b 24-25）。

少し分かりにくいところがあるので、幾つか補足説明をしておこう。ここでフィクションは「無数の情景をつなぎ止めている」ものとされている。われわれの日常生活には幾つものの性質の異なる知覚野が認められる。朝起きて朝食を済ませ出勤（登校）するというようなある種のルーティンワークや、移動中に遭遇するちょっとした出来事、あるいは仕事（授業）中にいろいろと物思いに耽るというような局面などで、さまざまな知覚野が入れ替わる。そうしたなかで仕事（授業）中に物思いに耽った事柄を、日常生活の文脈から切り離して別個に論じることができる。その場合に論じられる事柄が「フィクション的」となり、ある程度は「定常的な対象」としての性格を帯びている（さもなければ、別の機会に物思いに耽った事柄を検討することができなくなる）。つまりはフィクションの枠組で処理される事柄は、一過的で再現不可能なものではないことがここで含意されている。この点を踏まえて今一度一般的なフィクションの問題に立ち返れば、フィクションで語られる事柄が必ずしも絵空事ではないことが判明するだろう。もしも単なる個人的な思いなしであれば、そのフィクションが語り継がれることもないだろう。こうしてガブリエルは、フィクションが社会的性格を有することをやんわりと示唆する。

「フィクション的」と「空想的」の区別

その上でガブリエルは「フィクション的（fiktional）」と「空想的（fiktiv）」を次のように区別する。

フィクション的対象とはおおむね、その不在の様態を通じてわれわれが関わる対象のことである。フィクション的対象が目下現前する理由は、われわれの知覚するエピソードが一時的な気の迷いにとどまらず、多かれ少なかれ定常的なものとしつらえているからである。ここで意味されるのは、その都度直観の様態を通じて現実的なものとしてアクセスできるものから、われわれが超越しているということである。すべてのフィクション的対象が空想的でもあるというわけではない。空想的対象とは美的対象、つまりは本質的には解釈の様態で存在する対象である。
空想的対象は、それをパフォーマンスするかどうかに左右される。空想的対象のあり方は、それをわれわれがどのようにイメージしているかに本質的に左右される。これから見てゆけば容易に知られることだが、空想的対象をどのようにイメージするにせよ、そのイメージの仕方にあるべき客観的基準がないということにはならない。フィクションと現実のあいだで重要な対照性が成立しはするが、その対照性は非空想的なフィクション的対象から区別された空想的対象が、言うならばわれわれの知覚から脱落するものを空想的対象そのものから補填しないことで成立する。例えば映画の登場人物の演技を示す二つの情景のあいだで生じるものは、美的経験すなわちわれわれの想像力の運用によって補填される。

それゆえ空想的対象が不完全だということではない。つまり空想的対象は本質的に解釈のうちに存在するのであって、この解釈を通じて空想的対象は、非空想的なフィクション的対象から区別される。〔中略〕たとえ一時的に目を閉じて私のノートパソコンのことを想像しても、私のノートパソコンがつねに私の目の前にあることは、私の想像とは関係なく何かが私の目の前に存在することを意味する。これに対してファウストのテクストのなかではっきりとは帰せられていない特性をグレートヘンが有することは、われわれがグレートヘンをどのように想像するかに関わってくる。別様にグレートヘンを想像すれば、そのグレートヘンは別様の性質を有するようになる（2020b 25-26）。

ここで注意したいのは「フィクション的」と「空想的」が対立関係にあるのではなく、後者が前者に含まれるということである。つまり「空想的」は「フィクション的」なものの一種ではあるが、逆に「フィクション的」なものがそのまま「空想的」だというわけではない。ノートパソコンの事例で分かるように「フィクション的」はそのまま再現可能である。フィクション的対象は定常的だから、今日の午後に物思いに耽った事柄をその日の就寝前に再現することができる。これに対して「空想的」対象には、想像力が入る余地が残る。「パフォーマンス」は想像力が活動すること、つまりは解釈と同義と考えて構わない。

引用文で言及されるファウストの上演は我が国でほとんどないので、先ほど引用した小説『アレフ』の一節を用いて説明しよう。「私は、波のたち騒ぐ海を見た」から「愛のからくりと死の変容を見た」までの長々とした描写は、小説の語り手が「アレフ」を通して見た「世界」の情景だが、ここまで書いても「世界」を完全に言い尽くしたことにはならない。それでもこれらの描写を通じて「世界」を一望したと読者が思い込むのは、これらの描写に読者自身の想像力を介在させているからである。言い換えれば「アレフ」の描写と読者の想像力が結合することで「世界」が成立するのであって、小説『アレフ』が「世界」を指示するわけではないことになる。

非存在論的隔絶主義

第一章では、こうしたフィクション的対象と空想的対象の関係が引き続き追求される。先述のようにこれら二つの概念は区別されるが、同じ状況のなかで二つの概念がある種の齟齬をきたすことにガブリエルは注意を促す。例えば『ファウスト』の上演を例に取れば、グレートヘンを演じる女優が台詞を通じてどれだけ迫真的な演技をしても、その演技はあくまでも空想的対象と見なされる。つまりいわゆる現実からかけ離れているはずの空想的対象が、空想的ではないフィクション的対象よりもリアルに思えるということがあり得る。こうしたある種の相剋的な理解を解消するため、ガブリエルはいささか厳めしい呼び名になるが「非存在論的隔絶主義（meontologische Isolationismus）」を導入する。

それ〔非存在論的隔絶主義〕によれば所与の非フィクション的な意義の領野においてではなくフィクション的意義の領野において存在する対象は、受容者としてのわれわれが見出す非フィクション的意義の領野から隔絶されていると主張される。フィクション的対象はつねに、現実的なものへの埋め込まれから現れる。S_1における対象はしばしばS_1におけるS_2において現出し、S_1からじかに現出することはないということがある。この自動詞的構造についての早い事例が、ノルウェーにおいて現出するノルウェー神話に現出する妖怪である。つまり妖怪は、ノルウェーそのものに現出するというわけではない（2020b 87）。

このノルウェー神話の事例は『あらゆるもの』にも見受けられる。非存在論的隔絶主義の初出も『あらゆるもの』におけるプリーストとの次のような意見交換の局面においてである。

プリースト　しばしば人々は、私に次のような質問を投げかけています。神は可能世界ないし不可能世界において存在する対象だと私が考えているだと。そのように考えているなら、なぜ私は神を崇拝しないのかと。現実世界以外の世界に存在することが現実には存在しないことだとするのが、私からの返答です。可能世界において女性であるように、私が現に女性だということではありません。さて私からも、同じ質問をさせてください。神は意義の領野において存在すると貴方は考えています。どうして貴方は神を崇拝しないのですか。

ガブリエル　返答のために出発するのは、多くの神々がひしめき合い齟齬をきたす多くの言明が横行するという問題です。興味深いことに、私の見方は私の六歳の娘と同一です。娘の考えによれば、美術館で展示されるあらゆる神々に対応する仕方で、私の存在という意味合いでの何かのうちに神が存在します。つまり娘は学校の——ドイツの宗教系の学校では必修科目である——宗教の教師に、多くの神々が存在するのは明らかだと言いました。宗教の教師が神は一人しかいないと言うと、娘は次のように言いました。「それはおかしいです。先ほど美術館で見てきましたが、神がたくさんいました」。このことが娘を多神論者にします。存在論的なジョークを抜きにして、多数の神々が存在するのは明らかなのですが、その神々がここでは不在なのです。

プリースト　ここでは、ですか。

ガブリエル　そうです。

プリースト　どこを指さししていますか。

ガブリエル　私たちが占めている意義の領野を指さしています。私たちとフィクション的対象に生じることの線引きに関わるためです。フィクション的対象に関するこの部分を私は非存在論的隔絶主義（非存在論は無、非存在の理論のことです）と呼びます。フィクション的対象は重要な意味合いで私から隔絶されていると考えています。

プリースト　なるほど、この場合の私たちから隔絶することを「ここ」という語で表現するのは興味深いです。目下貴方が身振りで表現していることは、確かに重要な線引きです。私なら現実世界とそれ以外の世界の差異を考慮した線引きをします。この枠組をそのまま貴方が受け容れる気がないことは、承知しています。他方で貴方が示唆しているのは、ある意味で私たちの実在性とフィクション的実在性の差異だと私は受け止めています（2023 100–101）。

先ほどの引用文ではノルウェーの神話を用いた説明がなされていたが、プリーストとの討論の局面でも「多神論」が事例とされているのが興味深い。非存在論的隔絶主義の狙いは——ガブリエルがフィクションと同一視している——個々人の宗教的心情が示される意義の領野と、宗教とは一線を画した世俗的な活動が問題になる意義の領野を切り分けることである。つまり「ノルウェーに妖怪が出現する」という命題は真理ではないが「ノルウェーに妖怪が出現するというノルウェーの神話が存在する」という命題は理解できるし、また真理であり得る。つまりはフィクション的な意義の領野における事物の現出は、非フィクション的な意義の領野の尺度に左右されずに独立的だとするのが非存在論的隔絶主義である。

この考え方にはいろいろなヴァリエーションがある。そのうちの一つがフィクション的対象による非フィクション的文脈の変容である。現在フランスの国王は存在しないが「フランスの国王がパリを散策する」というフィクション的命題が提示されても、現在はフランス国王が存在しないという理由によりこの命題を拒絶することにはならず、もしも現在のフランスに国王が存在すればパリを散策するのはごく自然なことだと受け容れることができる。

あるいは非フィクション的対象がフィクション的な対象へのアプローチを容易にする事態も呼び込むこともあり得る。架空の登場人物であるジェド・マーティンを主人公とするウエルベックの『地図と領土』を例にして、ガブリエルは次のように語っている。

『地図と領土』に登場する「パリ」という表現は既述の通りパリに関わらず、解釈の誘因として役立っている。「パリ」という記号を誘因としてわれわれはパリ紛いのものをイメージするが、そのパリ紛いのものはパリではあり得ない。なぜならパリ紛いのものが提示する特質は、当のパリがその特質（例えばジェド・マーティンが住民であること）を有していないのであり、しかもそのことを同時代のわれわれが承知しているからである。『地図と領土』に登場する「パリ」は、われわれが訪問できるパリとは同一ではない。それゆえ「パリ」はパリではなく、われわれが現実のパリに関わる場合でも、パフォーマンスを促す記号は活動を続ける。物語の世界を飾り立てるべくわれわれの経験をパリに結びつけた一節が、われわれの心理学的ステージの上にあることが感知される（2020b 70-71）。

つまりはたとえジェド・マーティンという登場人物の詳細が分からなくても、その人物がパリで生活しているという一文を読めば、そのパリが実際のパリのどこなのかということを詮索しなくても、物語のなかに入ることができるということである。いささか卑俗な事例になるが、テレビドラマ『半沢直樹』で主人公が働いている東京中央銀行が東京に実在しないという理由により、そのドラマで主人公が遭遇する数々の苦難が絵空事に思われるというわけではないというのと同じである。東京を拠点とする銀行であれば、こういう話もあるのではないかと視聴者に思わせるのである。

総譜とパフォーマンス、解釈と意味づけ

つまりは非存在論的隔絶主義を通じて空想的対象は単なる絵空事ではなくなり、フィクションの枠組のなかでそれなりのリアルさを提示することになる。このことに留意しつつ、改めて解釈の余地のある空想的対象の特徴について考えてみよう。先ほど空想的対象は非空想的なフィクション的対象とは違って、完全な再現ができないと述べた。このことは芸術作品が十全に提示されることはないことを含意する。第二章でガブリエルは芸術作品の総体を楽曲の全パートを収める「総譜（Partitur）」と呼び、それと総譜のパフォーマンスを区別する。

空想的対象の指標となるのが、フィクションの補填可能性である。フィクション的叙述が産み出す間隙を、空想的対象が補填する。通常の場合の文学的テクストが自身の対象の幾つか（登場人物、教訓、筋立て等々）を叙述する方法は、これらの対象の同定をする係留地点を物語外に求めないというものである。〔中略〕

空想的対象にまつわるわれわれのフィクション的知識の超解釈学的土台をなすのが、総譜である。総譜の解釈とは、想像力を媒介にして芸術作品をパフォーマンスすることである。ここで用いられる「解釈」という表現は、既述のように楽曲の演奏概念とまったく類比的である。美的経験の解釈に相当するのは、例えば時間の長短とは関係のない小説の黙読、音符の流れの追跡、感情的な負荷の伴う映画への没入、美食家のおこなう味見のコメントへの共感等々である。

解釈（Interpretation）とは解釈学的遂行のことである。つまり、他にもなり得るような理解においてのみ存在するものである。これに対して意味づけ（Deutung）は、総譜の構成要素の学問的再構築である。意味づけは解釈を前提にするから、少なくともパフォーマンスの実践によって、演目を純粋に学問的に分解することが暗に誘発されるということはあり得る。これに属するのが絵画学校のアトリエにおける芸術史の習得、芸術の時代区分にまつわる化学的知見と着色の連関の研究、音楽の表記法の歴史および楽器の共鳴空間の研究、物語論におけるフィクション性の研究等々である。解釈をせずに上手く作品を意味づけることはできない。学問的意味づけの超解釈学的対象を浮動させる空間を規定するのが、解釈学的対象である（2020b 122–123）。

ここで語られていることは、かなり意味深長な事態である。古臭い趣味を押しつけるようで恐縮だが、例えばフルトヴェングラーによるベートーヴェンの演奏、ハスキルによるモーツァルトの演奏はいかに作曲家の真意に迫っていても「総譜」に届くことはなく、それはフルトヴェングラーなりハスキルなりの想像力を介しての個人的な解釈であり、あくまでもパフォーマンスである。これに対しての「意味づけ」は確かに「総譜」には関わるが、やはり「構成要素の学問的再構築」にとどまる。基本的に演奏者と鑑賞者は「解釈」に定位する点で同列になるが、前者の場合は「総譜」の意味づけのうえに築かれた「解釈」になるので、この点で音楽の玄人と素人の「解釈」は分岐することになる。

ガブリエルによるこうした総譜とパフォーマンス、解釈と意味づけの区別は場合によっては歯止めのかからない想像力の飛翔に対して、ある程度の定常性を芸術作品に求める意図からのものだと思える。なおガブリエルは解釈を「美的経験」と等置するが、この発想はガブリエルの師匠のホクレーベのそのまた師匠であるリュディガー・ブプナーの著作の『美的経験』（竹田純郎監訳、法政大学出版局、二〇〇九年）に由来する。もっともブプナーが独自の『判断力批判』の解釈を通じて得た美的経験を通じて作品としての芸術概念が解体すると考えるのに対し、ガブリエルは現代において芸術作品は解体されるどころか「過度の自律性」を獲得して人間の生活を圧迫していると見なしている。この事情については『フィクション論』の直前に出版された『権力』を参照してもらいたい。

存在論的相関主義と機知

芸術についての論議はこのくらいにして、フィクション一般についての議論に戻りたい。本章でフィクションを話題にしている理由は、冒頭で問題にしたように『諸領野』の最後に論じられた可謬性との兼ね合いの文脈にある。つまりある意義の領野において否認されたものが別の意義の領野では認められるということがあり得ることは、一方の意義の領野で結論づけられた否認は全面的な否認にはいたらず、他方の意義の領野で論じ直されるという風に読み直されるのであり、その読み直しにより可謬性はある種の部分的な改訂を導くとされた。この点を考慮して、前章の末尾で触れた問題を考察しよう。『諸領野』で論じられないままだったのは、一方の意義の領野から他方の意義の領野への移動はいかにしてなされるかという問題だった。この移動を説明するために一方と他方を包摂する意義の領野を設けることは許されない。もしも許されれば、二つの意義の領野とは一ランク上の意義の領野を認めることになり、ガブリエルが当初構想していた平坦な存在論は瓦解してしまうからである。

これに対して『フィクション論』において意義の領野における非存在を扱うことにより、この移動の問題は一歩前進する。それは一切の意義の領野を包括する意義の領野＝世界が存在しないのと同様に、あらゆる意義の領野においてあまねく存在する事象もあり得ないという論点である。第三章の次の叙述に注目しよう。

一つの（あるいは複数の）意義の領野に存在するものは、これとは別の意義の領野には存在しない。一切の意義の領野に現われる対象は存在しない。このことは、意義の領野に関連する全体性（世界）が存在しないことから帰結する。意義の領野の全体性、全－世界が存在しないくらいだから、一切の意義の領野に現われる対象が存在しないことなど些事にすぎない（2020b 163）。

そう考えると、たとえフィクション的対象を全面的に否認しても、その否認はフィクション的対象を成立させる意義の領野に対するある種のコミットをするにとどまり、別の領野において現出する事象にはいたらないことが結論づけられる。

そもそもフィクション的対象が存在しないという指摘は当てはまらない。フィクション的対象の非存在はその存在と同様、意義の領野に訴えかけることでのみ評定される相関的案件である。それゆえわれわれはフィクション的対象に直面しても、絶対無すなわち端的な非存在の領域に位置づけられるという居心地のよくない状況に置かれることはない。なるほどフィクション的対象の存在は仮象であるがゆえに、意義の領野における非存在者の現出ではある。けれどもその見かけ上の非存在は先ずは別の意義の領野では存在し、次いでわれわれのいる場所では働きかけもするのであり、そうすることで芸術作品はわれわれと直接的に因果的に結びついて、美的経験を誘うことにもなる（2020b 181-182）。

つまりユニコーンは「現実」と称される意義の領野においては存在しなくても、後述の引用文に出てくる映画『最後のユニコーン』という意義の領野においては存在するのであり、アラーの神はキリスト教という意義の領野においては存在しなくても、イスラム教という意義の領野には存在するのであり、また万有引力の法則は『不思議の国のアリス』のようなファンタジー作品という意義の領野においては存在しなくても、自然科学という意義の領野には存在するということである。つまりはフィクション的対象として定常的に話題になる対象は、全面的に否認されることも全面的に肯定されることもない。

なおこの引用文の直後に世界が存在しないのと同様に、一切を否認する「絶対無」も認めないという京都学派にとって挑発的な主張が述べられるが、その京都学派に対するガブリエルの関心は終章で論じることにしよう。それよりも重要なのは、ある意義の領野における存在が別の領野における非存在を含意するというこの主張をガブリエルが「存在論的相関主義（ontologische Relationismus）」と呼んで、その射程を一般にフィクションと呼ばれる芸術作品を超えて法制度や自然科学にも適用していることである。

それ〔存在論的相関主義〕によれば何かはつねにある意義の領野に対して（あるいは意義

の領野において）存在するのであって、一切を包括する意義の領野のようなものが取り立てて存在するのではないのだから、意義の領野の機能をどれだけ整備してもそのことで要望される意味での存在概念が解明されるわけではない。フェルミ粒子は宇宙において、グレートヘンは『ファウスト』において、連邦首相は基本法から生存権を導出する制度において、数は代数論を研究する形式的システム等々において存在する。けれどもこれらの対象のいずれも、形而上学的に取り立てて「現実的」な仕方で存在してはいない。

非存在論的なコンテクストに以上の考察を置くと、次のような機知（Witz）が得られる。グレートヘンは宇宙において、連邦首相は形式的システムにおいて、フェルミ粒子は基本法から生存権を導出する制度において存在していない。グレートヘンが宇宙において存在しないことは、グレートヘンが存在しないことを意味しない。フェルミ粒子が法的権利と義務を有していないことは、フェルミ粒子が存在しないことを意味しない等々である（2020b 160–161）。

引用文の前半はともかく、後半の「機知」と呼ばれるものの記述は奇怪な印象を与える。

以下のような命題は奇怪さを超えて、ある種の悪ふざけだと受け取られても仕方がない。

「最後のユニコーンがSFOを発見しニューヨークにやってきて、チャーマーズとガブリエルの対話を妨害する」というようなフィクション的意義の領野において「最後のユニコーンがSFOを発見しニューヨークにやってきて、チャーマーズとガブリエルの対話を妨害する」ことが真であれば、最後のユニコーンがSFOを発見しニューヨークにやってきて、チャーマーズとガブリエルの対話を妨害する（2020b 89）。

この命題は二〇一五年九月四日にニューヨークで、SFOすなわち意義の領野の存在論をめぐって心の哲学者として知られているオーストラリアのデイヴィッド・チャーマーズと対話した事実を踏まえてのものである。こうした事例の提示は対話相手を小馬鹿にしたように思われるので、マルクス・ガブリエルは随分と無礼な人物だと思われるかもしれない。けれどもこの態度は多分に、確信犯的なものだと言える。後述するようにガブリエルは意義の領野の移動のきっかけを相異なる意義の領野同士の不同意と見なし、そこにある種のカテゴリーミステイク的なものを認めているからである。そうした不同意の要因にはイデオロギーやステレオタイプのようなものが含まれるのであり、その状況はガブリエルからすれば哲学者二人の真剣な対話のなかに想像上の事象が割り込むように受け取られるのだろう。

ここまでの議論から知られるように、ガブリエルは『フィクション論』においてフィクションの典型と見なされる芸術作品の存在論的な意味づけを目的とはしていない。むしろ「フィクション」を手掛かりにして芸術作品とは別の自然科学や法体制というフィクションに認められる、ある種のおとぎ話的なものの有する社会的機能を取り上げようとしているのである。これらの問題については『フィクション論』の第三部および『進歩』で見てゆくこととし、しばらくは抽象的な議論を検討しておこう。

「先回りのできなさ」とシェリング

第四章では何らかのフィクションの形式を通じて「世界」が表象され、第五章では異種的なものの接続により異様なものが形成される状況を探究するメレオロジーを意義の領野の存在論が包摂するかの問題が扱われるが、ここまでの議論で説明がつくので省略する。メレオロジーとはフッサールが開始し、ポーランドの論理学者であるスタニスラフ・レシニェフスキが展開した論理学の形式であり、この手法を用いてプリーストがＳＦＯを説明しようとしていることだけを付け加えておく。小説のなかで世界を一覧できる先述の「アレフ」を用例とするプリーストの論述は、こうした文脈のうえでのことである。それゆえここから「世界」が話題になるのは必然的である。「世界」については、そもそもフィクションにおいて一切が表象されるということはなく、読者ないし鑑賞者によるイメージ的な補填が不可欠なので「世界」が表象されることはないとされる。メレオロジーとの関係については、意義の領野の存在論の射程はさまざまな意義の領野が無際限に増殖することにとどまり、そもそもそうした増殖を一まとめにする言い方を認めないということになる。

第二部の課題は精神の「先回りのできなさ」をテーゼ化することである。その基本的な考え方は第七章の末尾で次のように告げられる。

科学の統一と多様性をめぐって、またそれに伴い科学によって観察された自然の統一と多様性についてどのように問われようと、精神は先回りができないままであり続ける。原則的にわれわれは自身の精神性について経験的には接近できないのであり、精神的なものとしてはじめて目の当たりにするような経験データに基づくモデルを展開することもできない。なぜなら経験データの集積は、理論以前に要求されるわれわれの精神性の指標だからである。

われわれは精神的生命体である。だからといって、精神とは何であるかの問いに関して無謬的なわけではない。精神が現実的な何かだから、われわれは自分自身の精神性について誤認することもできる。自分を誤認することは、精神に特有の可能性である。自然主義は――硬軟のいずれにおいても――自分を誤認する形式なのであり、精神を精神的でないものと同一視する状況に応じて、精神を現実的なものと見なすために誤認の形式になる（2020b 295–296）。

緒論にも表れたものの、ここで「先回りのできなさ」という表現が出てくるのは唐突にも思えるが、誤認の可能性、つまりは可謬性と連動して考えられているのであれば、それなりに理解できるだろう。『諸領野』までさかのぼれば可謬性は偶然性と同義であり、それゆえ認識の文脈に戻れば科学的認識の偶然性を導くことができる。そのように言えばガブリエルは科学的認識に不信感を抱いているようにも受け取られるが、ここまで何度も言っているように誤認の可能性ないし可謬性は、対象とされるものの全面的な否認ではない。

それがもし「全面的な否認」だとしたら、そこで認識主観は「先回り」したことになる。言うならばその場の状況次第で自分を改訂するのがガブリエルの想定する認識論であって、例えば「歴史の終焉」を宣言するポストモダンのように勇ましいものではない。

「先回りのできなさ」はある意味でガブリエルの経験論的志向を示すものだが、その着想をさらにさかのぼると修業時代に書き上げた『存在論』における次のような一節にたどり着く。

シェリングが話題にするこの「先回りできない存在（unprethinkable Being）」は、以下のことを指し示すにすぎない。その限定的な存在が思考にとって必然的であること、つまりは思考することが不可能ではないものを指し示している。それゆえ先回りできない存在は「どれだけわれわれが先回りしても、すでにそこにあるもの」に過ぎない。それゆえ先回りできない存在は、〈つねに‐すでに〉そのものを意味する。先回りできない存在はそれが何であれ、すでにそこにつねにある。他方で注記すべきは、この〈つねに‐すでに〉が先回りできない存在の本質を洞察するのに何ら資するものがないということである。存在の先回りのできなさが含意するのは、一切の思想がつねにすでに存在のうちに自己を見出すこと、あらかじめ設立される状況にないことに過ぎない（2013 65）。

第六章では知覚の可謬性から観念論的透明性を擁護する議論が斥けられ、むしろ事実の不透明性から出発する旨が後で示されるが、どう見ても経験論的な主張がドイツ観念論の哲学者であるはずのシェリングから得られているのは興味深い。もっともそのシェリングは後期にいたって『哲学的経験論の叙述』を書いているので、この点をガブリエルは強調したいのだろう。

生活世界への批判

それはそうと、何を手掛かりにわれわれは自身の誤謬を改訂することになるのだろうか。ガブリエルがある種の科学主義信仰を繰り返し批判していることに鑑みれば――「世界」という語が入ることにはクレームをつけそうだが――後期フッサールの主張する「生活世界」と相性がいいように思える。実際次のような一節では、フッサールに対する好意的な評価が認められる。

私がパソコンの前方を見ていても、そのパソコンに後方があることを知っているのであり、パソコンを回り込めばその後方を見ることが見込まれている。知覚されるあらゆる事物に当てはまるのは、一挙には知覚できないものの一定の条件下では知覚できる多くの切り口を事物が備えているということである。〔中略〕知覚される所与の事物についての知見が増すほど、私の帰納的な予知の信用が高まる。居間のことを熟知しているから、書棚の左側から右側に移動する際にいちばん最初に目に入る本が何であるかを予知することができる（2020b 298）。

ある状況下での知覚野における把握が目下現前しない事象にまで及ぶこと、別の知覚野に身を置けば先に現前しなかった事象が現前することを知覚すること、またその知覚が先の知覚野において予知されるという指摘は、相異なる意義の領野のあいだの移動を考える際の示唆を与えるように思われる。

けれどもガブリエルが行き着く結論は、フッサールに対して批判的である。その理由は批判の対象とされたはずの科学主義をフッサール自身が払拭していないからである。

フッサールにとって生活世界が科学的意義の基礎となるのは、不本意なことにそれを科学の原型として記述する場合である。生活世界と科学を宥和するフッサールの戦略は循環的である。生活世界の記述で用いられるモデルは科学であり、また科学は科学以外の知識とかなりの程度まで連続しているからである。フッサールが心理的装置のうちに科学を導入する目的は、科学がわれわれの日常的知識をそこなうかどうかの問いが浮上する場合に科学を引き合いに出すためである。

日常的知識と理論以前の経験との関係は知識論を知覚装置にまで拡張することであり、これによって近代における科学主義的な誤解が獲得される。それによれば知覚レヴェルで日常的に営まれる条件下で出来事が推移する仮説を定式化し、その仮説の上に生活を立ち上げるという誤解である。この状況が恐らく思われている以上に問題含みなのは、科学の原型的な活動からすでに日常的な条件が生じてしまっているので、歴史的に生成したヨーロッパという「故郷世界（Heimwelt）」が「原初的なもの」からかけ離れてしまっているからである。

それゆえフッサールは『存在と時間』において世界内存在を生活世界のテーマとしたハイデガーと同様、次のような難局に見舞われている。普遍的な人間性の構造を特徴づけないまま、あらかじめ科学的客観化に処せられている現実的なものの経験を局在化するという難局である。そこで浮上するのが、いわゆる「原初的なもの」をどのようにしてそれなりに理解するのかという問いである。これに対してフッサールとハイデガーはそれぞれ、生活世界と現存在とは別種の形式をあてがっている（2020b 299-300）。

つまりは生活世界を下敷きにして科学的認識を基礎づけるというフッサールの試みは、あくまでも科学的認識のためになされた発想だというのがガブリエルの見立てであり、生活世界の独自な意味合いを重視してのものではない。また生活世界を原初的なものとして要請するにしても、その問題の立て方はハイデガーの現存在と構造的に変わるものがないと厳しく批判される。

幾人かの読者には予想されることだが、ガブリエルのハイデガーに対する視線は甚だ厳しい。フランス現代思想の研究者のなかにはハイデガーの政治的立場とその思想を分けて論じる傾向が見受けられるが、そのような曖昧な態度をガブリエルは認めない。こうした厳しい姿勢にガブリエル哲学の「浅さ」を指摘する向きもあるが、哲学の深浅の評価は抜きにして、こうした立場はガブリエルの思考の方向性というよりは、戦後の旧西ドイツ国民の一人として受けた脱ナチスの教育の賜物だと思われる。

事実性の結合

他方で現象学の方法論に対するガブリエルの評価は、かなり好意的である。

一．われわれは事物全体を知覚することはできない。
二．一つの事物を知覚する場合、直接的に知覚されるのは事物の一側面にとどまる。
三．事物の一側面の知覚は事物の別の側面を覆い隠す（陰影の公理）。
四．知覚判断は直接的に知覚されるものに関わる。
結論。知覚判断は事物全体に関わることはない。

以上のような現象学的議論には、知覚概念に関わる習得の態度と可謬性を記述する理論的美徳が認められる（2020b 302-303）。

つまり知覚できるのは「事物の一側面」にとどまり「事物全体」に及ばないという観点

はＳＦＯにとって好都合であり、また意義の領野の改訂のきっかけになる「可謬性」の理論を導くものとして捉えられる。この際に注目されるのが「事実性」の概念である。

「事実性」はともかく「事実」について、ガブリエルは『諸領野』のなかで言及している。真偽を問える真理に対して、そうした真偽を超える立場にあるのが事実だとするラッセルの主張を是認する局面がそれである。これに対して「事実」についても真偽が問えるのではないかと反論する向きがあるかもしれない。けれども、例えば日中戦争の最中に南京大虐殺が存在したのか、虐殺があったとすれば犠牲者の人数はどのくらいなのかの論争は決着がついていない。こうした物騒な事例を通じて知られるのは、その真偽は問えないにしても論議を醸すような起因を事実がなすという視点である。この点に留意して「事実性」の理解を深めていこう。

第九章でガブリエルは「事実性の結合（Faktivitäts-Verbindung）」という概念を導入することで、事物の知覚よりも事実の知覚に目を向けるように仕向ける。

誰かが何かを知覚する（例えば自動車を見かけた）ことから知覚されたものが存在することが、また知覚した通りに何かが存在することが帰結することにより、事実性の結合が成立する。この結合が認識上重要なのは、知覚が存在判断を正当化するにとどまらず、命題的な構築物を伴うこと、つまりは転々バラバラの個々の事物のみならず、環境のなかで一定の特質を有する事物も知覚するという意味での、命題的な構築物を伴うからである。こうした特質はわれわれによる知覚的把捉の地平では質的である。つまりは色彩、形状、音質、味覚等々の独特の意味合いの対象となる。知覚された特質は、本質的にはその特質を浮上させる連関に帰属する。同じ刺激であっても、その刺激を浮上させる連関が変容すれば異なるものとして知覚される。〔中略〕

われわれが知覚するのは個々の事物そのものというよりは、ある連関における個々の事物だということ、そしてそういう環境が基づくのが、知覚と事実のあいだに存する事実性の結合だという洞察は、意味深長である。われわれが知覚するのは事実、つまりは一つないし複数の対象について真であるものである。それゆえ対象の知覚からは、何かが事例であることが帰結する。それゆえ事実性の結合の地平に立てば、事物の知覚と事実の知覚を区別することは重要ではなくなる（だからといって、われわれが知覚しているという事実が知覚されている事実と同一だということにはならないが）（2020b 320-321）。

ここで言われていることは日常的な視点に立てば当たり前に思えるかもしれないが、懐疑論的な議論を念頭に置けば重要な見方が提示されている。ガブリエルの指示にしたがった言い方をすれば「自動車を見かけた」という命題で話題とされているのは一つのまとまった対象ではなく、ある種の構築物だという判断である。例えばそこで見かけた自動車は何色か、大型車か小型車か、メーカーはどこかという具合に詮索できるのであり、その各々の性質について懐疑的な吟味を施すこともできる。これが自動車を構築物だとする意味である。他方でそうした構築物がしかるべき環境において見られたという地平に、あらかじめ懐疑的な見方を適用することができない。ここで『諸領野』で示された性質と存在の区別が物を言う。つまりは「自動車を見かけた」という地平は事実的なものであり、そこで知覚された（自動車とは限らない）ものと事実を結合するのが「事実性の結合」である。先ほどの物騒な事例を引き合いに出せば「南京大虐殺が存在したのか、虐殺があったとすれば犠牲者の人数はどのくらいなのか」という事実性は、南京大虐殺が存在しないと主張する側と存在すると主張する側で共有されることになる。この問題については、本章の末尾でふたたび考察したい。

可謬性の客観性

そうした事実の視点に立つこととは、知覚対象の性質を云々することとはレヴェルが異なる。というよりも、先に「事実の知覚」があり、これに付随して「事物の知覚（Tatsachen-Wahrnehmung)」があるとガブリエルは主張する。

> それゆえ知覚は、本質的に事実の知覚である。われわれの知覚するものは多少の形而上学的操作を通じてたまたま同じ場所に認められたバラバラの個々の事物ではなく、個々の事物を張りめぐらした事実である。それゆえ知覚は事実的である。概念的にコード化されたイメージを言語的に提示することで事実性が発生するのではなく、知覚の特質そのものが事実性なのであり、命題的構造を知覚に「裏返す」ことで事実性が獲得されるわけではない（2020b 324)。

そのように考えれば、個々の事物の知覚の誤り、つまりは錯覚を理由にして知覚の疑わしさを結論づけるのではなく、事実の知覚にまでさかのぼって認識を改めることが可能だということになる。こうしてガブリエルは「錯覚（Illusion)」と「誤認（Täuschung)」は異なると言う。

ここで私が「誤認」ではなく「錯覚」を話題にする理由は、錯覚は必ずしも誤認しないからである。錯覚が誤認するのは、錯覚をそれとは違う何かと見なす場合に限られる。光学的錯覚は見通せるがゆえに、知識獲得の起因になることができる。蜃気楼により砂漠が誤認されるのは、待望のオアシスに近づいていると思われるからである。他方で蜃気楼の存在は、一定の刺激を引き金とした知覚プロセスの研究のデータとして使用可能である。それゆえ問題になるのは、錯覚の使用方法である。錯覚は自ずから誤認されるのではなく、誤認を産み出す特殊な条件下に限られる（2020b 345-346）。

つまり蜃気楼によって砂漠がオアシスと誤認されるのは、旅人がそろそろオアシスに到達するのではないかと思う「事実の知覚」に基づいてのことであるので、この条件をクリアすればオアシスと誤認されることはないということである。言うならば蜃気楼は砂漠をオアシスと知覚させるのであり、そのように知覚させることが真である。他方でいついかなる場合に蜃気楼が発生し、またいかなる心理的メカニズムによってオアシスに見えるかのデータを蓄積して判断すれば、誰もが砂漠をオアシスと誤認するということはない。つまり誤認は「事実の知覚」に立ち返ることで改訂可能だということになる。

このように考えると誤認はそれをおこなう主観の責めに帰せられるべきではなく、誤認されるべくして誤認されると言うことができる。それゆえ可謬性には客観性と重なるところがあるとガブリエルは言う。

可謬性が客観性を構成する。このことが表明されるのは、知覚の事例を通じてである。つまり所与の知覚的エピソードを、事実上自然と精神が共鳴し合う一切の条件を完全かつ体系的に枚挙するプリズム装置を通じて把捉することが原則的に不可能だということを通じて表明される。なぜなら、こうした試みは知覚の状況を変容させてしまうからである。〔中略〕

われわれは可謬的であるから、可謬的になる対象について何かを知る立場にある。知のネットワークの現実性において、可謬性と客観性は共属する。知覚的エピソードの被制約性は、そこから獲得される知識の上首尾な事例を妨害するのではなく、むしろその都度得られる以上の認識可能なものを意のままにできる（2020b 350‒351）。

当たり前なことだが、蜃気楼のからくりを知ったことでわれわれはオアシスと誤認することがまったくなくなるというわけではない。光の屈折という知識を得たことで、水の入ったコップにさしたストローが真っ直ぐに見えるわけではない。その見え方とは別にストローが真っ直ぐなままだとか、見えているオアシスが蜃気楼だという知識が並存するのであり、またその見え方の違いが意義の領野の移動ということになる。

志向性とモデル化

第一〇章は『諸領野』に対する異論に対する反論が多くを占めているので省略し、志向性を扱う第一一章に移ろう。言うまでもなく志向性は現象学の主要概念の一つになるが、フィクション的対象と空想的対象を包含するものとして志向性を捉えていることに注目したい。

それについての真理が知られる一切の対象は志向的である。だからといって、一切の対象が志向的なわけではない。現実的なものは超越論的現象学にも全体的な意識にも吸い上げられないのであり、総じて思考によって改訂することができない。われわれの認識対象は原理的に見通しの利かない条件下で、その都度われわれの注目に値するものとして選抜される。
　この原理的に見通しの利かない条件が、われわれの地平を形成する。志向的対象をその選抜機能とともに視野に収めることで、われわれの地平が把捉されるわけではない。われわれの地平はむしろ構成上透明であって、それゆえカントにならって直観を直観的表象に分類することもできる。〔中略〕
　われわれが実際に何を完全に把捉できるかは、モデルに拘束されている。モデルとは一つの概念的システムであり、直観の形式を固定することで直観へのアプローチを開放する。モデルは選抜機能の公然とした叙述だから、モデルを借用してわれわれの独自の情報フィルターを把捉できる。それゆえわれわれは論理学その他のおなじみの分野で思考モデルを展開できるのであり、われわれの思考の仕方ないしあるべき仕方を明らかにできる。いかなるモデルも、モデルの叙述する対象とは同一ではない。さもないとモデルは、絵に描いた餅になってしまう。モデル化のために完全性や不完全性にまつわる命題を定式化できるが、その目的は直観とその条件のためではない。われわれの基本的な現実を形成するのは直観の方だからである。基本的な現実に妥当するのは実在論的な理論条件であり、ＳＦＯの中心的課題はこの条件に属する。とりわけ一切の対象が把捉できないのは、対象に関連する全体性が存在しないからだということが、この条件に属する（2020b 392-394）。

周知のように志向性とは「意識とは何かについての意識である」状況を命名したものであり、思考する主観と思考される客観が不可分であることの表現だが、こうした状況が生じる理由が知られることはなく、気づいたときにはわれわれがすでに志向的であることにガブリエルは注意を促す。

この辺でガブリエルが志向性概念に注目することの背景に触れておこう。ガブリエルの関心は必ずしも現象学という学問自体に向けられたものではない。むしろ「世界」を一挙に把握するとか「一切」を挙示するとかといった自身の立場と対立する議論を原理的に不可能にする道具立てを、現象学の志向性が提示していることに注目している。志向性という語が直接的には出てこないが、ガブリエルの志向性理解を知るきっかけとして『あらゆるもの』の次のような一節を取り上げたい。

プリースト　けれども貴方は、あらゆる事物は意義の領野において存在すると考えているのでしょう。

ガブリエル　存在しない事物はそうではありません。今や問われるべきは、以下の二つがどのように関わるかです。非存在と存在の関係です。次のようなイメージです。私が「aは存在する」と言う場合、もちろんこの定式化が意味するのは「ある意味の領野において、つまりはここに」あるということです。他方でaが存在しないと言う場合、私が言っているのは「aはここにはない」ということです。それは不在とされます。つまりアンゲラ・メルケルはここに存在します。ただしシャーロック・ホームズの物語のなかでは、メルケルはそこには存在しません。つまりアンゲラ・メルケルは、存在したり存在しなかったりします（2023 130）。

つまりアンゲラ・メルケルを話題にする場合はシャーロック・ホームズが存在せず、逆にシャーロック・ホームズについて語る場合は、アンゲラ・メルケルは存在しなくなるということである。もちろんここでメルケルは実在の人物でホームズがフィクション上の人物だと言い立てることもできるのだが、ガブリエルは語りの局面ではメルケルとホームズのいずれが真であるかを論じる必要はなく、意義の領野を変えれば済むという意味で両者は同等だと考える。この状況を志向性に結びつければ、アンゲラ・メルケルを話題にする場合は志向性がメルケルのみに向けられるのであってシャーロック・ホームズが志向性の埒外になり、その逆も然りとなる。ここで「意識とは何かについての意識である」という志向性の定義がものを言う。この定義は逆に考えれば、意識は一挙に全体を把握することができずつねに「何か」に限定された思考をおこなうことになる。要するに志向性概念を採用した時点で「世界」を一挙に把握するとか「一切」を挙示するとかの活動は断念されることになる。

　このことは二つ前の引用文の後半に現われる「モデル化」の扱いにも当てはまる。対象を分析する際にいかなるモデルを選ぶべきかについて、われわれはあらゆる可能性を想定することができない。例えば二〇一一年三月一一日に発生した福島第一原発の事故は、原発内部の機械の仕組みだけで事故を防止することができず、手動による機械の操作も念頭に入れなければならないことをわれわれに思い知らせた。ある一つのモデル化だけで万事が済むことはなく、むしろ時代の要請にしたがってモデル化の度合は多様になってゆく。言うならば「事実の知覚」に立ち戻ることが大事になる。

ドイツ観念論の遺産

興味深いのは、こうした自己モデル化の問題をガブリエルがフィヒテの知識学と結びつけていることである。

われわれはフィヒテに同意できる。フィヒテは「自我は自我のうちで可分的自我と可分的非我を対立させる」という原則を通じて「人間的精神の体系」という枠組を周知させているからである。ここでフィヒテが「可分的非我」として表示したのが、志向的対象というカテゴリーである。可分的自我に結びつけられるのが、想像的対象である。これら二つを区別する自我が精神なのであり、そうした区別を超えた所で精神は自身をモデル化する。精神が自身を客観化するのは、フィクションにおいてである。想像的対象と志向的対象の区別はフィクションに帰属するのだが、だからといって想像的対象や志向的対象が存在しないとか、これら二つが空想的だというわけではない。われわれの根本的な概念を整理した引き出しを精査しようとするならば、自己モデル化が不可避になるのは言うまでもない。

以上のような自己モデル化は、理論の課題に従属する。これに帰属するのは、すでに探究した先回りのできなさと並んだ以下の実在論的不完全性の命題である。精神的生命体としてのわれわれのいかなるモデル化も、現前する心理的エピソードにまつわる一切の必要十分条件を把捉し切れない。この状況は構成的不透明性としても特徴づけられる。説明の形式を適用するために当初から理論的段階を根本構造より描写すると、直ちにさらなる理論的段階が浮上し、主題化された意義の領野に組み込まれたうえで、まだ探究されない環境（さらなる意義の領野）を導いてゆく（2020b 395）。

先に新田義弘は現象学的思考の原型をフィヒテに見届けようとする解釈を示したが（『現象学と近代と哲学』岩波書店、一九九五年）、期せずしてガブリエルはその新田の解釈を追認したようにも思える。他方で自己モデル化の進展の具合は、その当事者である「精神的生命体としてのわれわれ」が先回りして把捉できない状況が示されている。先回りできないからこそ、果てしなく「まだ探究されない環境（さらなる意義の領野）」が導かれてゆくというわけである。

ただしこの先回りのできなさは「精神的生命体としてのわれわれ」の能力のなさを決定づけるものではない。ここで「改訂可能性（Modifizierbarkeit）」というキーワードが登場する。

精神とは、真偽を決する生命体としての自己把捉を無限に拡張できる次元である。見通しの利かない仕方で精神は共時的にも通時的にも変動するのだから、われわれの自己関係の歴史性は神経系統に沿って毛をむしり取られたサルという種に即して証明された確定可能な構造を飛び越えている。われわれが自身の能力を特徴づける際の特徴づけに要請される唯一の定数は、ここで叙述されたわれわれ自身の改訂可能性である（2020b 396）。

改訂可能性の重要な意味については第三部で論じることとし、ここでは連想ゲーム的にガブリエルによるドイツ観念論の消化の具合を確認しておきたい。「志向的対象」という概念を提示する際に、ガブリエルはその反対の「非志向的対象」はどう扱われるべきかという反論が打ち出されることを予想し、その再反論を用意している。「非志向的対象」と見立てるべきは「自然」だとする、ヘーゲルおよびシェリングの意見である。

ヘーゲルは『超越論的観念論の体系』においてシェリングがおこなった計画を続行する。ドイツ観念論の輝かしい初期の体系の根本的理念は結果として次のようになった。つまり「自然」とは非志向的なものの領域の呼び名となり、思考の客観性にまつわる問いは最終的に自然哲学に委ねられ、それが二〇世紀の実証主義の基盤を用意したということである。実証主義は認識論と存在論のいずれによっても基礎づけられない過激な語り口を通じて志向性主義のアポリアから解放し、志向的関係の経済的、感覚生理学的、生物学的、要するに物質的前提の探究を通じて思考の現実性を保証した（2020b 415）。

『超越論的観念論の体系』とヘーゲルの『精神現象学』の関係が密であることはよく知られてはいる。この点は同意できる。けれどもこれら二つの著作が世に出る以前に、シェリングの自然哲学で扱われる自然とフィヒテの知識学で言われる非我が同一視されるべきかどうかで論争が巻き起こり、両者の関係は決裂したという事実がある。この事実を重視する限り、ガブリエルによるドイツ観念論の評価に問題がないとは言い切れない。とはいえ自然哲学がその後の自然主義の展開の温床となること、さらにはショーペンハウアーやニーチェの主意主義の淵源になったという指摘は興味深い。

ドイツ観念論に限らず、その他の学派の哲学者に付せられるガブリエルの幾つかのコメントには突飛なものがあるが、ここでは思弁的実在論のもう一人の有力な論客であるグレアム・ハーマンに対する批判に若干触れておきたい。周知のようにハーマンは「あらゆる経験から退隠する（withdraw）実在的客観」と「経験の内にしか存在しない感覚的客観」の区別をもとにした四方構造（fourfold structure）の構築を目指している（岡嶋隆佑監訳、山下智弘・鈴木優花・石井雅巳訳『四方対象——オブジェクト指向存在論入門』人文書院、二〇一七年）。この措置はハイデガーによる手前性と手許性の区別を受けて、観察する主観を抜きにした対象の特質の出入りを表現したものだが、ガブリエルから言わせれば志向的対象と非志向的対象の区別をわきまえていないため、人間の関心とは無関係な対象も含めて何もかも退隠に絡む運動のなかで捉えるという、ある種の形而上学を復興するものだと断定される。そもそもガブリエルはハイデガーの議論をほとんど援用せずに議論を展開しているので、ハーマンとの関わりはかなり薄いことを付け加えておく。

不同意について

第三部では「社会的事実（soziale Tatsache）」が問題になる。社会的事実は客観的精神によって産出されるが、その存続は長続きせず偶然的だとされる。ここまでの議論を見るとガブリエルがヘーゲルを意識しているようにも思えるが、次のように「不同意（Dissens）」を共同体の原型と見なすことから考えると、先述の改訂可能性との関連で考えられるべきだと推測される。

不同意とは意義の差異ではあるが、それは二人の個人が相容れない命題的立場を有したりそれをさらに言語的に分節化したりする際にはじめて顕在化するものではない。何かを他人とは違って見ること自体が、一つの不同意の形式である。場所が変われば同一の対象の見え方が変わるという洞察にしたがえば、両立可能性はあり得ないのであり、そのことを洞察していれば不同意も容易に調停できる。

以下で示してゆく不同意が、人間を社会化するための社会存在論的基盤となる。さまざまな制度を成立させ規範として承認される尺度で活動を評価させる人間的共同体は、構成員同士のその都度の不一致の布置により生じる。要するに社会とは不同意の共同体なのであり、その共同体はある時点のある場所で特殊な不同意が発生し、行為の調整の尺度を通じて不同意をコントロールすることにより成立する。社会的生命体における不同意は、知覚レヴェルにおいてすでに不可避になっている（2020b 432）。

ガブリエルによれば、ここで言われる「不同意」は政党間のイデオロギー的対立とか、宗教的価値観にまつわる武力衝突とかのような深刻なものに限定されない。むしろ「他人とは違って見ること」から、すでに不同意が始まっている。つまりは同一のもの、あるいは同一のものとされるものについての相異なる意義の領野のあいだの不一致が「不同意」であって、自身の意義の領野を改訂し不同意を減らしてゆくことが社会の成立だと考えられている。

ここで重要なのは、ガブリエルが「社会」を構想するにあたって何らかの特質をその社会に賦与していないことである。ガブリエルによれば、社会のあり方も先回りできないものであり、その都度の改訂作業を通じて社会の共同性が確認されるということになる。ともするとわれわれはあるべき社会を構想してそれに自分自身を適応させるという考え方をしがちだが、ガブリエルは必ずしもそういうものを前提した物言いをしていないことに注意する必要がある。

神話とイデオロギー

この後ガブリエルは神話とイデオロギーについて次のように規定する。

神、話とは潜在的な模範が作動したものであり、歴史的には神統記的意識の形態を取ってイメージの地平で浮き沈みし、今日でもスーパーヒーローその他の日常的な神話に生き残っている（世界宗教が存続していることは、言うまでもない）。「神話にまつわる労働は決して完結することはない」というブルーメンベルクの定式化を思い起こせば、神統記的意識に終わりはない。

目下の連関で神話は、規範の現実性が原型的過去に移送されるという形態で登場する。現在活動に関わる人間的存在の模範を産み出し、新たな――新規の可能性を含めた――活動の選択肢を束縛するという経緯があれば、そうした経緯は潜在的に神話の餌食になっている。それゆえ神話的なのはホメロスの時代の神殿、ヒンズー教の神々の世界、カトリックの聖者の礼讃だけではなく、人間は何千年も前から脳神経科学的に目論まれたゲーム理論の述定の対象になるようあらかじめ定められたというような、原人的な物語も含まれる。人間の活動の形態を何らかの――そのなかには「科学的」に目論まれたものもあるが——過去に基づけようとする者は、原型的な思考をおこなっている。原型的思考はギリシアの神々とともに没落したわけではない。それは文化的なサルとしての人間という新しい神話の形態でわれわれに取りつくのであり、たとえ有益な機能を有していても、想像上の「人間園」からの人間の脱出すら許さない。

神話とは違ってイデオロギーは、次のような機能を発揮する観念的形像である。つまり生産と再生産に関わる行為体をまさしく現在の窮状から目を逸らさせることで、社会的‐経済的に有益な資源の非対称的な分配の現実を正当化する機能を発揮するのが、イデオロギーである。イデオロギー的思考はそれが機能する局面において、神話的な土台を好んで利用する。原型的思考はその他律性ゆえに、その他の点では明らかに現代では問題になるものをひた隠しにするのに適しているからである（2020b 456-458）。

われわれは神話とイデオロギーをよく混同するが、ガブリエルによれば両者のベクトルは逆向きである。つまり神話が過去のある種の規範性を原型として現代に投影させるのに対し、イデオロギーは逆に現代の価値観が遠い過去より続いているように見なす。そしてその価値観というのが、ある種の支配層が資源の独占を正当化するというものである。こうした正当化に反対するのが社会構築主義になるが、ガブリエルはイデオロギーとそれに反対する社会構築主義が同じ穴のむじなに過ぎないと看破する。これらについては次章で詳しく論じることとし、この時点でガブリエルが神話とイデオロギーを話題にすることの意味合いについて考えたい。

本章で扱われているのは『フィクション論』だから、そこで論じられるのは文学や芸術を成立させる必須の要素とされるフィクションであると予想される向きが多かっただろう。確かに芸術上のフィクションを論じる個所があるにはあるが、むしろフィクションは芸術に限らず、法体制や自然科学にまで及んでいることに力点が置かれているという印象がある。その理由はガブリエルが純然たる芸術よりは、場合によっては芸術に混同されたり芸術がその後ろ盾になったりするような神話やイデオロギーに関心があるからだと思われる。こうしたガブリエルの姿勢に真面目な政治的意識を有しているのかという疑念を抱く向きもあるかもしれないが、昨今の政治家は「米国をふたたび偉大な国にする」とか「美しい日本をよみがえらせる」とか「ロシアとウクライナは一つである」とかいった、政治研究というよりは文学研究の題材めいた文言をスローガンにすることが多い。こうした問題はこれまでナチズム台頭の歴史的文脈で論じられることが多かったが、ガブリエルはむしろ神話とイデオロギーを現代の政治動向を分析するためのキーワードと見なしている。この辺りがナチスの暗い過去を背負った戦後ドイツの哲学者らしい態度だといえるが、これについても次章で問題にしたい。

理性の社会性

社会的事実の問題に戻ろう。先ずガブリエルは真偽を問える言明を「意見（Fürwahrhalt）」と名づけ、そうした意見自体がそれなりの事実を示すとしたうえで、意見同士のぶつかり合いを経て事実が創出されると言う。その際に先述の「不同意」が物を言う。

ある言明がpと主張し、また誰かがその言明を実行すれば、誰かはその言明に同意していると見なされる。その際には事実、例えば意見という事実を創出しなければ、何も真だと見なすことはできない。一つの言明は当該の言明に的中する言明の地平からすれば、一つの事実である。つまるところ、pである事例が存在するかどうかにかかわらず、誰かがpを主張するという事実が存在する。たとえ真理を誤りだと見なし誤りを真理だと見なしても、そうすることで真理から脱却できるわけではなく、いずれにせよ新たな事実、つまりは臆見的な事実を創出している。

こうしてわれわれは社会的事実という謎の起源に突き当たる。なぜなら社会的事実がまさしく社会的事実に見えるのは、意見を通じて事実が創出（schaffen）されているからである。この考察によれば意見自体が範型的な社会的事実である。新規の事実の主張を通じての創出により社会的事実が成立するからである。

意見というこの新規の事実が社会的になるのは、不同意により規範化されざるを得ないことを通じてである。このモデルにしたがえば、非社会的事実をどのように考えればいいかの処方箋を当の非社会的事実は指示してくれない。非社会的事実それ自体が処方箋として何の効力も有していないからである。改訂の余地が与えられなければ、いずれにせよわれわれが一定の仕方で判断すること、つまり意見することが突如として生じることはない。意見の改訂を許容する空間が存在するのは、幾つかの意見が他の意見よりも拙い場合に限られる（2020b 473-474）。

ここで注意しなければならないのは、たとえ懸命に意見をぶつけ合っても、これまで相異なる見解を示した者同士が必ずしも一致点を見出すことにはならないということである。あくまでも相手との関係のなかで、自身の有する数ある意見のうちの一部を改訂するにとどまるということである。このことは『諸領野』の段階で触れてきた全面的な肯定も全面的な否定もあり得ないという考え方に基づいている。むしろ意見というものは自ずと改訂を求めるものであり、そのことをガブリエルは「理性の社会性（Sozialität der Vernunft）」と呼び、次のようにテーゼ化する。


一．判断、すなわち何かについての意見が規範的である理由は、判断が真か偽かであることによって、それが上首尾な事例か不首尾な事例かに分類されるからである。

二．判断は確かに真であるか偽かであるかではあるが、可謬的ではない。判断は自分を誤認しないからである。誤認するのは別の誰かである。虚偽と錯誤は同一ではない。

三．可謬性は誰かが是正する能力があることで成立する。他者が別様に判断しわれわれを改訂することで、是正する能力が社会的に獲得される。

四．自己改訂の能力は社会的に獲得され陶冶される。自己改訂へと陶冶する道筋は社会的サブシステムの無数さに劣らず、通時的にも共時的にもさまざまである（2020b 479）。

以上のテーゼによりガブリエルが示唆しているのは、社会的事実が言語とか中枢神経といった社会以前的なものを土台とするのではなく、あくまでも意見の交換を通じて成立するとしていることである。われわれは意見を交換することで、自身の意義の領野の改訂をおこなってゆく。

不透明な生き残り

それではは改訂をおこなわなければどうなるかという話になるだろう。第一三章を中心にしてガブリエルが話題にするのは「生き残り（Überleben）」である。

われわれには改訂が必要である。事実の改訂がなければ、人類は決して生き残れない。精神——自己像を形成する能力——は、それゆえそれ自体が社会的である。われわれは改訂されることで、認識上の様相カテゴリーとしての現実性の概念を習得する。現実的なものは論理的に秘匿されるものではなく、またその現実的なものとの直面は客観性との認識根拠にとどまらず、存在根拠でもある。

現実的なものと直面することで、社会的なものの自然そのものが社会的に産出されるわけではない。われわれのような生命体が改訂の進路をたどって生き残ることで社会的なものが成立するのである。改訂の進路は根拠を与え要求するゲームに組み込まれているのだが、そのゲームも社会的に産出されるわけではない。われわれは社会的条件下でさえあれば存続できることを本性とするほどの生命体ではない。生き残りの条件を持続しつつ、人間のような社会的生命体が共同を通じてでなければ可能ではないことを再産出しなければ、精神的生命体としてのわれわれが存在することはない。人間としてのわれわれが学ぶのは、われわれが養育し、運動し、見聞きし意味づける仕方である。こうした初歩的な訓練を受けなければ、実際に誰もが成人にまでは成長しない。ただしここまでの構築では、産出されるものは何もない。われわれは社会的な仕方によって社会的生命体になるのではなく、事実として社会的である。自然的な生命体として社会的であるというのが、われわれの本質である（2020b 498–499）。

ここでガブリエルが改訂の理由づけとして人類愛とか最高善といったある種の道徳的理念を持ち出さずに、かなり即物的に人類の生き残りを視野に収めているのは興味深い。いわゆる持続可能性に結びつくこの着想は、ガブリエル哲学が環境倫理に親和的であることてはならない。ガブリエルは原発を含めた環境問題に関心を抱いており、これについては次章で話題にする。環境倫理に興味を持つ理由は、このままの生活スタイルを維持すると早晩人類は滅亡するのではないかという不安であるが、ガブリエルから言わせればホモ・サピエンスとしての人類も改訂を重ねることで今まで偶然的に生き残ったのであって、今後の見通しは不透明だということになる。

われわれの生き残りの形式自体が不透明である。それは人間の生物学的自己探究の枠組で説明され、同時にその枠組を介してわれわれ自身が自然像に組み込まれる。われわれの自然科学的知識は完結していない——し精査すれば完結するはずもない——から、理由の空間において透明な生活形式を頼みとしてどれだけ意義深い透明化の作業をおこなっても、生き残りの形式の不透明性を乗り越えることができない。精神が自己意識の形式を取って自己に到達するのと同じ調子で、精神自身の規範性を克服するわけにはいかない（2020b 546）。

規範の社会性

第一四章でガブリエルは改訂可能性を念頭に入れたうえで、前章でも登場したクリプキの議論を援用するかたちで規範性を次のように位置づける。

規範性は人間同士の行為を調整する文脈のなかで生じる。伝承という様態で過去に執り行われた規則を内心の生活の規範化に用いるという仕方で生じる。それゆえ私の内心の生活は、クリプキが推測するような形式を取ることはない。何らかの規則を心の奥深くから開陳することはあっても、有限であるがゆえにその都度一切の使用を見渡すという形式を取ることはない（2020b 560）。

そしてこの議論は、クリプキとの改めての対決を通じて得られたものである。今度のクリプキの議論は、一般に「規則遵守のパラドックス」と呼ばれる科学哲学者にとって周知の問題に関わる。このパラドックスを簡明に説明すれば、68＋57と表記される計算の＋をいわゆる「プラス」ではなく「もしx, y＜57ならばx⊕y＝x＋y、さもなければx⊕y＝5」とする「クワス」と見なして、125を解とする加算の結果を受け容れないとするものである（黒崎宏訳『ウィトゲンシュタインのパラドックス——規則・私的言語・他人の心』ちくま学芸文庫、二〇二二年）。この事例にガブリエルは尋常ならざる興味を示しながらも、だからといって加算という社会的事実を根こそぎ否定するものにはならないと断ずる。

パラドックスを動機づけるためには、いずれにせよ次のような考察をおこなうことができる。$68+57=x$と表示される場合のxが何であるかという問いに答えるためには、過去の＋の適用が何の誘因にもなっていないという考察である。クリプキの場合は「誘因」の代わりに「正当化」が話題になる。クリプキによれば、加算の規則の過去のいかなる適用も当時使用された規則の現在の続行を正当化しない。もちろんこのことは、すべてに的中するわけではない。私は加算を学習した経験があるので、$2+2=x$におけるxにいかなる自然数が唯一許容するかの問いに対する解を4とは別に引き入れれば、つまりは恣意的に大きな数を引き入れれば誤りを犯すことになる。だからといって、何らかの規則の表現の一切の適用を過去と現在と未来にわたって通覧すれば、しかるべき規則を一般的に適用できるに違いないということにはならない。過去に加算の規則にしたがった者が現在もしたがっているという事実は社会的であり、それゆえこの事実が「私の精神的遍歴において」証明されることはなく、その遍歴は社会的事実から完全に孤絶した私秘的な内面として理解される。私秘的な内面が存在しないなら、いずれにせよ「私の精神的遍歴」のようなものもクリプキが要求するような意味では存在しない。「議論」が失速するのは、志向性についての馬鹿げた形而上学が要求されるからである。私秘的な「精神的遍歴」を有するとわれわれが同意すれば、誰も規則を守らなくなることが現実に帰結してしまうという馬鹿げた形而上学である。こうした精神的遍歴という思想は有意義な動機づけをすることはない（2020b 556–557）。

規則の「一切」の事例を現在と過去と未来にわたって通覧することを原理的に認めないという言い方はまさしくＳＦＯの提唱者らしいが、こうした一事例を提起しても加算に代表される社会的事実は動揺をきたさない理由を、ガブリエルは子どもの態度に即して説明する。

子どもが懐疑論的な仮説を自分の意見に持ち込んでも簡単には苛立ちを示さないことは、偶然ではない。子どもの確信は当然のことながらあらかじめ対象によりかかっていて、高次の概念的な能力の不信を持ち込まれても動じないからである。子どもは生まれながらの懐疑論者ではなく、いかなる規則に実際にしたがっているかを確定させることにより、規則の遵守を習得するからである。子どもが加算をせずに二乗すれば、大人が子どもを正す。子どもの逸脱的な振る舞いは多かれ少なかれ適応がたまたま上手くいっているかどうかに関わるものだが、だからといって逸脱的な振る舞いが存在しないというわけではない。規則遵守という規範的事実が構成的に社会的になるのは、観察可能な逸脱の形態で不同意が露わになったからであり、そのことで誰かが改訂される。誰かが逸脱し改訂される理由は、所与の文脈において履行されるのとは別の規則にその誰かがしたがったからである。こうした規範的な社会的事実の向こう側に（心理的ないし生物学的）事実は決して存在しない（2020b 555）。

つまり「もし x, y＜57 ならば x⊕y＝x＋y、さもなければ x⊕y＝5」という計算法によれば 68＋57＝5 だと主張する人が現われても、まだ加算の意味を習得しない子どもはそういう考え方もあるのだといったんは許容するということである。ここで示唆されているのは子どもの未熟さではなく、子どもを指標にした人間の精神の柔軟性である。これまで人類は生き残りのためにいろいろと社会的事実を創出しては改訂してきたのであって、クリプキの事例によって規則に代表される社会的事実全体が疑われることはないとされる。次章で見てゆくように環境倫理の考察を深める際に教育が重要であることをガブリエルは力説するが、このことは子どものこうした改訂の柔軟性に期待してのものだと考えられる。

そのうえで強調したいのは「もしx, y＜57ならばx⊕y＝x＋y、さもなければx⊕y＝5」という計算法が今後人類が生き残るにあたって必要なものであれば、これまでの計算法を改訂する余地が出てくるということである。『諸領野』と『フィクション論』の二冊でクリプキに対する批判に多く紙数をあてる裏には、SFOという構想がクリプキの可能世界論から得られたという事情があると推察される。最終的にクリプキの下す結論にガブリエルは反対するが、クリプキの事例に即した議論を自分なりに展開する姿勢から、ガブリエル哲学に強く影響を与えたのがクリプキだということが見て取れる。

いずれにせよ規範の領域はおいそれと一個人の見解で一挙に転換されるものではなく、その改訂も社会的なものとなる。

規範の領域は個人によって微妙に細分化され、いかなる行為の類型がしかるべきかを規定する。一つの規則にどのようにしたがうかは、個人によっては確定されない。個人はむしろ、長いあいだ規範の領域に帰属しているという心理状況が吹き込まれることで個人になっている。内面形成の前史を呼び出しても、そのなかに目下の振る舞いを正当化できる規範の痕跡を見出せないということ自体が、これから向き合わなければならない規則である——これがクリプキが言うところの規則遵守の問題（と称されるもの）の「原初的展示」のなれの果てである（2020b 565）。

この後ガブリエルはこうした規範の改訂可能性の問題を自然科学や社会科学にも適用させてゆくが、こうしたプロセスを通じてガブリエルがフィクションのなかの規範性を介して芸術以外のジャンルの分析を目指していたことが見て取られる。たとえ芸術に親近的だといっても、先述のように神話やイデオロギーのように社会的な色彩の強いものに関心が集まるのだから、当初よりガブリエルは社会哲学的な方向に傾いていると考えるべきである。

SNS、つまり「社会的ネットワーク」批判

第一七章では神話とイデオロギーについて論じられるが、すでに各々の定義については引用しているので割愛する。プロパガンダと違ってイデオロギーは明示的には示されないという指摘だけは付け加えておく。続く第一八章でSNS、ガブリエル自身の言い方にしたがえば「社会的ネットワーク」の問題に紙数を割いているのは、それが近代的な精神の所産であるどころか『進歩』の言い方を借用すれば、新たな「暗黒時代」を招くものだと捉えられているからである。

先ずガブリエルは次のように「社会的ネットワーク」の本質は「炎上」にあると規定する。

社会的ネットワークは、その名称に相応しい。社会的ネットワークが社会存在論と結びつくのは、典型的には不同意が拡散することに賭ける場合に限られる。多くの人たちが苦情を寄せる不規則な発言、乱暴な言論の自由は、大企業の組織が国境を超えている事情により国内で通用する法律に拘束されることには及ばないので、それらは何ら不用意な失言ではなく、ソーシャルメディアという社会存在論的な強度の表現である。社会的

> ネットワークがまさしく社会的である理由は、ユーザーの発言内容が適切かどうかをいちいち吟味することなく、不同意を直接的かつあからさまに記録することを許容するからである。ソーシャルメディアにおいては発言を公表するかどうかを躊躇することがないので、衝撃をコントロールするための手続きが行使されるが、その手続きを介して同類のメディアの状況に身を置きながら案じられるのは、不同意の台頭が制度的な管理化に置かれはしないかどうかということである。社会的ネットワークはフィルターのかけられない不同意の発火装置（Durchlauferhitzer）であり、その本質は炎上（Shitstorm）である。こうして社会的ネットワークはデータの産出をわれわれに促す。新しいデータを産出するためには、われわれは抵抗して何度も立ち返ることになるからである。こうしてわれわれは徐々にデジタル上のプロレタリアート（digitale Proletariat）に転落する。わずかばかりの報酬と引き換えに巨万の価値を生産しておきながら、その経緯をまったく知らされていないからである（2020b 595–596）。

ここで突然「プロレタリアート」という昔懐かしいマルクス主義の術語が登場することに、当惑を隠せない読者も多いことだろう。あるいは一部の読者は、ひょっとしてマルクス・ガブリエルは伝統的な左寄りの知識人に分類できるのではないかという淡い期待を寄せるかもしれない。ガブリエルとマルクス（主義）との関係は終章で扱うこととし「デジタル上のプロレタリアート」の含意するものについて少し考察しておきたい。

周知のようにフェイスブック、ツイッター等々の社会的ネットワークは、投稿者がプライベートな情報を写真や動画も介しながら世の中に情報発信するというメディアである。そこではすべての情報が全面的に公開され、マスコミの思惑により情報が秘匿されないという印象が（少なくとも最近まで）持たれている。恐らく一九九七年の神戸児童連続殺傷事件以降、真実はネットのなかに存在するとさえ信じられてきた。けれどもガブリエルによれば、投稿者の登録する個人情報はともかく、社会的ネットワークを管理する側の情報は何ら公開されていない。とりわけ社会的ネットワークを運営するための資金の流通経路は公表されていないとされている。

その点を考慮して、いわゆるネット上の「炎上」で誰が得するかを考えてもらいたい。南京大虐殺の犠牲者数等に関わる——マスメディアでは報道されることのない——極端な発言が社会的ネットワークに投稿されれば、その発言をめぐって左右の陣営から激しい議論がネット上で交わされることになる。このことは社会的ネットワークの管理者からすれば、いろいろなビジネスに使える情報を労せずに手に入れることを意味する。この構造が分かれば、管理者は極端な意見を規制するよりも、逆に発言をエスカレートしてもらった方が収益を増やせる、つまりは儲かることになるだろう。こうしてユーザーは知らぬ間に「わずかばかりの報酬と引き換えに巨万の価値を生産」しておきながら、その経緯を知らされずに四六時中SNSの管理者のためにせっせとデータの生産に勤しむことになる。この構造はかつてマルクスが描いた、プロレタリアートの窮乏に似ているのではないかと言うのである。

だからといってガブリエルは「立ち上がれ、万国のデジタル上のプロレタリアートよ」と号令をかけるつもりはない。次章で触れるように、階級意識は自身の否認する「ステレオタイプ」に含まれることがその理由である。とりあえずは既刊のインタビュー本における発言との整合性を確認したい。

最近、若い日本人の女子プロレスラーがSNSでの誹謗中傷が原因で自殺したと聞きました。どんな対策を講じても、このようなサイバーいじめはなくなりません。SNSが生み出すストレスは、日本でも相変わらず大きな問題のようですね。〔中略〕

パンデミックの最中、私はすべてのソーシャルメディアのアカウントを削除しました。フェイスブックやツイッターのアカウントを持っていたのですが、パンデミックが発生すると、ただちにこれらすべてをキャンセルしたのです。

驚いたことに、何の不自由もありませんでした。例えばフェイスブックでアメリカ人の友人とコミュニケーションが取れないのは困るのだろうと思ったのですが、そんなこともなかった。麻薬はやめたら離脱症状が現われますが、ソーシャルメディアはやめてもちっとも困りませんでした。

ですからソーシャルメディアの利用は最低限にとどめることをお勧めします。〔中略〕ソーシャルメディア上ですべきでないこともあります。政治的な議論や、哲学的・科学的議論はすべきではありません。本当の議論にはならないからです。政治的な議論は、もっと時間をかけてすべきものです。書面形式でするとか、人と人とが対面してすべきです。書面形式とは、本のように、優良な出版社が品質管理できる形式が望ましいという意味であって、検閲のためではありません。ソーシャルメディアではうまくいかないのです（『つながり過ぎた世界の先に』ＰＨＰ新書、二〇二一年、一四七―一四九頁）。

日本人インタビュアーのフォローがあってのことだが、東アジアの小さな島国のニュースにガブリエルが興味を寄せるというのは、いわゆる著名な知識人というイメージとは程遠いのではないだろうか。

不同意の共同体

第一七章でガブリエルはハーバーマス批判を展開するが、これについてはフランクフルト学派に対する評価に触れる終章で扱うこととし、とりあえずは『諸領野』で積み残した問題をガブリエルが『フィクション論』のなかでどのように処理したかを見ておきたい。『諸領野』で主張されたのは意義の領野で何らかの事象が現出するということであり、またそうした意義の領野は果てしなく増殖するものであって、それらの領野を総括する「世界」を認めないということだった。このことは意義の領野のあいだの階層秩序を認めないことを含意するのであり、それゆえガブリエルは自身の存在論を平坦だと特徴づけた。こうした主張は形而上学的な意味合いを否認するという点で画期的だが、その代わりに意義の領野同士の関係はどうなっているのか、また一方の意義の領野から他方の意義の領野への移動はどうなるのかという問題が残された。これらの問題を解決する早道は当該の意義の諸領野より上位の意義の領野を設けることだが、そうなるとせっかく樹立した平坦な存在論が瓦解するという難点を抱えてしまう。

この難局を『フィクション論』は「不同意」という概念を導入することで解決を図る。例えば先述の事例を用いれば、南京大虐殺においてどれだけの人命が失われたかについて、さまざまな議論が交わされてきた。犠牲者数は何万人であるかについて見解が分かれる一方で、そもそも南京大虐殺は存在しなかったという意見も出され、さまざまな意見が交錯している。ガブリエルに言わせれば、それらはいずれも意義の領野というかたちで一括りにすることができる。当たり前のことだが、これらの意義の領野の事象を比較照合すれば食い違うことが分かるのであり、このことをガブリエルは「不同意」と呼びその不同意を介して自身の主張を改訂すると考える。こうした不同意の直面をガブリエルは社会的事実と呼び、真偽を決定できる真理とは別次元で考える。

ここで重要なのは、南京大虐殺をめぐる意義の諸領野同士の争いをするなかで、共通の論点を必ずしも同定する必要がないということである。犠牲者数については南京の面積をどのように測定するかで変化するし、またどこまでを非戦闘員と見なすかでも変動する。あるいは「大虐殺」をどう定義するかで、南京大虐殺はそもそも存在するのかという主張も成立し得る。とはいえ当該の諸領野のあいだで「不同意」が存在することは知られているのであり、逆に「不同意」が存在するがゆえに諸領野のあいだで争いが生じることになる。このことはガブリエルがフレーゲによる意義（Sinn）と意味（Bedeutung）の区別を否定し、意義のみを扱うだけでよしとする態度に対応する。

金星がある時は宵の明星として、別のある時は明けの明星として現出する対象だと言うことは、われわれの認識上の関心が定位する主導的な意義を導く。いつも宵の明星（つまりは主観的視野における特定の場所で浮かび上がる金星）しか目にしない者は、ある時は宵の明星として、別のある時は明けの明星として現出する金星の概念を意のままにすることはできない。フレーゲの言う意味の対象としての金星概念は、金星と結びつく意義としての宵の明星の概念から区別される。フレーゲ的な意味という意義の領野においては、金星と宵の明星が同一である。これに対してフレーゲ的な意義という意義の領野においては、そうではない。宵の明星の意義と金星の意義が必ずしも同一ではない理由は、さもないと情報を供与するだけでなく無矛盾的でもある同一性の判断が成立するという同一性の謎を解き明かせなくなるからである（2020b 344-345）。

改めて言うまでもないことだが、観察者が観察する次元の対象として宵の明星と明けの明星が存在する。われわれが直接目にできるのは宵の明星なり明けの明星なりであって、金星そのものではない。それゆえフレーゲは目視できる宵の明星や明けの明星を「意義」と呼んで、二つの明星が同一であることを示唆する「意味」を金星に込めた。けれどもいつも朝寝坊をする者は明けの明星を見ることはなく、その見たことのない明けの明星と見たことのある宵の明星が同一であると言われても、その者にとって何も得るものはないだろう（夜寝る時間が早い者であれば逆のことが当てはまる）。この議論の後ろ盾になっているのは、クリプキの言うところの68＋57の解は必ずしも125ではないとするパラドックスである。つまり68と57のあいだにある「＋」が加算を表わすプラスではなく、先述の説明で言われるところのクワスであれば5が解だとする立場は、この目で見て認められるのは宵の明星であって明けの明星でも金星でもないという立場と原理的には変わらない。そのような食い違いが存在しても、相異なる意義の領野同士のあいだには少なくとも不同意が存在することは共有されているのであり、その不同意を解消すべく互いが自身の立場を改訂することで、これまでとは異なる意義の領野に移動することが可能になる。もちろんその移動が果たして「進歩」なのかの保証はない。「世界」が存在しないくらいなのだから、これから先の成り行きの見通しもつけないからである。

以上の議論が画期的なのは、これまでの社会性に関わる議論が論理学とかコミュニケーション的理性といった共通の尺度を介して社会的合意を形成する方向を示したのに対し、相異なる意義の領野の関係を「不同意」というきわめて直観的な事象を介して社会性を捉えるところにある。言うならば「不同意」によって共同体が成立するのである。ここまで共同性のハードルを下げるガブリエルの真意は、ポストモダニズム以降の思潮がいわゆる「共通の尺度」を「西洋中心主義」とか「男性中心主義的」とかとレッテル貼りしてこき下ろす動きを考慮しての牽制と解することができる。

過度な自律性と機知

それでは、いかにして改訂が可能になるのか。ここでフィクション的対象の一部である芸術や文学の空想的対象が大きくものを言う。すでに述べたように、空想的対象を思い描くためには想像力の補填が必要になる。例えば半沢直樹に登場する東京中央銀行は東京には実在しないが、そのことによりドラマの一切が絵空事として片づけられることはなく、東京として描かれたイメージの一部を改訂するかたちでわれわれは物語を受容する。同じことは芸術以外のフィクションにも適用される。つまりは自身の前提としていた知見の一部を改訂して他者との折り合いをつけるのであり、不同意の事実によって関係が断絶するということはあり得ない。こうしたガブリエルの社会哲学のユニークな点は、一見すると「実社会」とは無縁な芸術的フィクションから着想を得ていることである。芸術の感動とは別次元で社会は動いているように思えるが、昨今の社会はＳＮＳの影響で芸術の母胎ともなる神話やその変容態であるイデオロギーにより大きく左右されており、そのことに鑑みれば案外ガブリエルの社会理論は役にたつかもしれない。これについては次章で検討する。

それにしても『フィクション論』はその書名とは裏腹に、いわゆる芸術的フィクションの醍醐味を論じていないような印象を与えるだろう。本章の冒頭で述べたように、形而上学的問題をめぐるプリーストとの討論が『フィクション論』を執筆したきっかけになったから、この書に芸術にちなんだ多くのものを望むこと自体に無理がある。それでは書名からして芸術を扱っているはずの『芸術の権力』はどうだろうか。『権力』においてガブリエルはロダンの有名な彫刻「考える人」を例にして、芸術作品の鑑賞が対象としての作品の鑑賞からはみ出ていることを強調する。

ロダンの「考える人」は一定の形態を所持しているブロンズ像の現前である。ブロンズが考えることはない。当たり前なことだが、貴方が鑑賞しているブロンズ像は、知覚の能力すら所持していない。にもかかわらずこの奇妙な作品が意味することを自問すれば、たちどころにして作品の意味が了解される。この作品は鑑賞者の側の思考の流れを露わにし、それゆえあたかも作品自身が考えるように見え始める（2020a 29）。

つまり鑑賞する側の人間が「考える人」になる、あるいは作品が「人間」になって考えるというような誤認が生じることが指摘される。

このように芸術には、作品から超出するような要素が認められる。この状況をガブリエルは芸術の自律性、あるいは「過度な自律性（radical autonomy）」と名づける。

芸術作品の過度な自律性が意味するところによれば、芸術作品にまつわるあらゆる知覚、あるいは芸術作品に対するあらゆる接触さえも、芸術作品の一部でなければならない。芸術作品を知覚するためには、芸術作品を解釈する、つまりはパフォーマンスしなければならない。交響曲の鑑賞は交響曲の一部であり、ピカソの彫刻の鑑賞は彫刻の一部であり、ル・プレ・カテランの食事は食事の一部である等々である。われわれの——芸術作品の構成をめぐる思いなしを含めた——経験が自己構成する芸術作品に関わる仕方が、伝統的に美的経験と呼ばれる。美的経験の抱える問題は、われわれを芸術作品に吸収することである。芸術作品の一部になったわれわれは、芸術作品から逃れられなくなる。芸術作品を出入りする自律的方法が人間にはない（2020a 71-72）。

ここで言われているのは、カントに代表される道徳的自律あるいは政治的自律を条件づける制約を超えるようなものが芸術に認められるということである。とりわけ「われわれを芸術作品に吸収する」という言い方は衝撃的であり、まるで芸術によって人間性が疎外されるかのようである。『芸術の権力』という書名に込められている意味合いは、芸術の過度な自律性に起因する。

『権力』をひも解いても、ガブリエルの芸術論はどこかで社会的な意味合いを帯びており、純粋な芸術論とは言えないかもしれない。また個々の作品——例えば考える人——についての評を見ても、一流の芸術作品に接したときに得られる格別の感慨を説明するものではない。その意味でガブリエルは芸術的感受性が鈍いと言わなければならない。

とはいえ芸術作品を縛る規則が存在しないとする指摘は、先述の「機知」の議論を新たな布置に置くことを可能にする。「グレートヘンは宇宙において、連邦首相は形式的システムにおいて、フェルミ粒子は基本法から生存権を導出する制度において存在していない」とか「最後のユニコーンがSFOを発見しニューヨークにやってきて、チャーマーズとガブリエルの対話を妨害する」とかの、ある種のカテゴリーミステイクな表現が機知である。もちろん通常であれば決して出会うことのない組み合わせなのでナンセンスなのだが、シュルレアリスムの芸術家たちのスローガンになった「解剖台におけるミシンと蝙蝠傘の偶然な邂逅」のような事態が機知と呼べるものであり、もしもこの表現が詩的感興を伴うものであれば、折り合いがつきそうもない意見の対立の打開も、こうした機知との類推で捉え直されると思われる。

第三章　道徳的事実は存在する——『暗黒時代における道徳的進歩』

常識的な書の構成

『進歩』は『フィクション論』で追求された社会的事実が積み残した問題を「道徳的事実」として捉え直し、他方でSNS等を通じて情報が拡散される問題をステレオタイプの側面で考察することを主眼としている。それゆえこれら二書は、一続きの作品と見なすのがよい。全体の構成は次の通りである。

緒論
第一部　価値とは何か、また価値はなぜ普遍的なのか
善、悪、中立性——道徳の根本規則

万人に対する倫理

エピローグ

章立てから容易に知られるように、本書は前二書と較べて社会的に話題になっている事柄を扱っており、しかもその取り扱い方は平易で評価も常識的である。主著三冊のうちで最初に読むことを勧める理由がそれである。これから論じられる「道徳的事実（moralische Tatsache）」は非常に簡明なものであり、この簡明な論点のためにこれまでなぜ難解な議論が交わされてきたのか不思議なくらいである。ここに恐らくガブリエル哲学の要点が存在する。

他方で昨今のドイツの国内事情が詳細に取り上げられていることに、当惑する向きがあるかもしれない。そういう向きは恐らく哲学的な関心の大きい読者であり、国際政治学に関心のある読者にとってはかえって有益な情報が盛り込まれているように思われることだろう。

国際政治に対する関心

緒論では二〇〇八年のリーマンショックから昨今のコロナ・パンデミックにいたるまでのわれわれの生活が、道徳的に荒廃していることが強調される。その責任は以下で挙げられるある種の独裁的な指導者、極右勢力、新自由主義を信奉する経営者などに帰せられる。

自由民主主義の後退を裏づける証左として認められるのが、この数年のあいだに権威的国家体制のモデルが急速に拡大したことである。そのなかにはドナルド・トランプ、習近平、ジャイール・（何とその名も）メシアス・ボルソナーロ、レジェップ・タイイップ・エルドアン、オルバーン・ヴィクトル、ヤロスワフ・アレクサンドル・カチンスキその他多くの国家元首が含まれている。これに加わったのがＥＵ離脱派、ドイツにおける（ドイツのための選択肢（ＡｆＤ）の右派により形成された）新たな極右勢力および、局部的に人間の手の加わった気候変動にまつわる、自然科学者からの報告に対する一部の社会が共有する反発である。さらに言えばＡＩ、機械学習、ロボット工学の領域の進歩により労働市場が現実的に脅かされると受け止められ、伝説的な企業家で億万長者のイーロン・マスクや若くして難病にかかった物理学者のスティーヴン・ホーキングですら次のような予測を立てた。われわれ人類は近い将来に来るべき超知能に打ち負かされ屈服し、地球上の進化はこの超知能によってコントロールされるという予想である（2020c 17）。

一部知られていない政治家の名前も挙げられているので、説明を補足しておこう。エルドアンはクルド人との紛争を激化させたトルコの大統領、ボルソナーロはアマゾンの森林を大量に伐採したブラジル大統領、オルバーンはウクライナに侵攻したロシアの制裁に消極的なハンガリー首相、カチンスキはポピュリズム的な政策をとるポーランド首相である。ＡｆＤは二〇二二年のドイツのクーデタ未遂事件によりわが国でもその名が知られるようになった。ちなみにこの党名は、メルケル首相がシリア難民を受け容れないという選択肢はないと言ったことへの反発から来ている。マスクの名はツイッターを買収したことにより周知された。一部の読者は独裁的な政治家のリストのなかに安倍晋三の名前がないことを訝しく思うかもしれないが、その理由は恐らく国際的な影響力がないという判断に由来する。このことはガブリエルが日本に関心がないことを意味するわけではない。日本についての印象は、終章でまとめて論じることとする。

「暗黒時代」としての二一世紀

次に論じられるのは、ＳＮＳおよびＡＩによって支配されつつあるこの二一世紀を、ガブリエルが次のように「暗黒時代（dunkle Zeiten）」と規定することである。

> 生きているのが見かけだけで先に進むことだけが大事なこの暗黒時代は、次のように特徴づけられる。道徳的認識という光がシステム上まばらに降り注ぐだけで、例えばフェイクニュース、印象操作、プロパガンダ、イデオロギーその他の世界観により目が覆われているという暗黒時代である。
>
> 　暗黒時代に対抗するには、啓蒙が役に立つ。啓蒙が前提するのは理性の光および、それに伴う道徳的洞察である。何らかの状況がわれわれに要求するものを、実際にわれわれがおおかた知っているというのが、啓蒙の重要な基盤である。〔中略〕
>
> 　われわれが暗黒時代に生きていることはとりわけ、必需品が不足するために最貧層に転落したこの世界の人々がしばしば明かすところである。われわれは新型コロナウィルスの流行を阻止するため、政治家と医療関係者のみならずウィルス学者にも翻弄されているが、その一方で――遠い世界の住民だけでなく、難民収容所に押し込められた住民

も含めた——最下層の人々は頼るすべなくコロナウィルスその他多くの疾病にさらされている。恵まれた生活をしているわれわれは、こういう人々のために分相応の責任をになうことになる。われわれ全員が同じ船に、同じ地球のうちにいることを見て見ぬふりをして仕事と消費に明け暮れているため、日常的に禁圧しているその責任をになうのである（2020c 19）。

一般に「暗黒時代」と称されるのは——研究が進んだ現在はそういうイメージを持たれなくなっているが——中世である。ある種の宗教的世界観が科学的認識を妨げ、世界を正しく認識する目が持てなかった時代が、いわゆる「暗黒の中世」である。それでは目下到来している「暗黒時代」はどうだろうか。言うまでもなく中世よりもはるかに科学技術が進歩しているが、科学的認識の代わりに「道徳的認識」が衰退している。つまり第三世界の多くの人々はコロナ・パンデミックに限らず貧困にもあえいでいるが、多くのメディアはその事実を直視せず「フェイクニュース、印象操作、プロパガンダ、イデオロギーその他の世界観により目が覆われている」と言うのである。

ここで示唆されている道徳的認識の衰退とは、必ずしも人々の窮状に対する知識が欠如していることではない。問題を知りながらそれを見て見ぬふりをする態度が、道徳的認識の衰退であり道徳性の荒廃である。前章で論じられたＳＮＳとの関連でこのことを考えてみたい。ＳＮＳで過激な主張が投稿されると、その主張の是非をめぐって多くのユーザーが議論をおこない、場合によっては誹謗中傷の応酬になる。ＳＮＳの管理者はこうした混乱を収拾するどころか、今後の収益につながる多くのデータが発信されることを歓迎するところがある。つまり明らかに「不同意」という「社会的事実」が存在することに気づいているにもかかわらず、まさしく見て見ぬふりをしている。ガブリエルがＳＮＳを非道徳的だと見なす理由はここにある。つまりは「社会的事実」には薄々気づいていながら「道徳的事実」に直面したくないという状況である。

基礎づけの必要のない道徳的事実

緒論でこうした問題提起をしたうえで、第一部の冒頭でガブリエルは道徳的事実にまつわる次のような三つのテーゼを提示する。

第一基本テーゼ　われわれの個人的および集団的思惑から独立した道徳的事実が存在す

る。道徳的事実は客観的に存立する。

第二基本テーゼ　客観的に存立する道徳的事実は本質的にわれわれにより認識可能であるがゆえに、精神に依拠している。道徳的事実は人間に差し向けられ、われわれは何をすべきか、何をしてもいいのか、何をしてはいけないかの道徳的指針を提示する。道徳的事実はその核心において開放的だが、暗黒時代においてはイデオロギー、プロパガンダ、印象操作、心理学的機制により覆い隠されている。

第三基本テーゼ　客観的に存立する道徳的事実は人間の生きている過去、現在、未来の一切の時代に通用する。道徳的事実は文化、世論、宗教、性別、出自、容姿および年齢から独立しているがゆえに普遍的である。道徳的事実は差別をしない（2020c 33）。

そのうえでガブリエルはこれら三つのテーゼの立場を道徳的実在論、人間主義、普遍主義と規定するが、そのことよりも重要なのは道徳的事実が何によっても規定されず、あらゆる宗教にそのかたちが認められるという経験的な知見が提示されることである。

擁護したいのは、道徳的事実を基礎づけるのは神でも一般的な人間理性でも進化でもなく、道徳的事実自身だという議論である。他の多くの事実と同様に道徳的事実は基礎づけの必要がなく、その輪郭の把捉を許容する認識を必要とする。道徳的自明性が存在する。例えば新生児を虐待してはいけないということは中国人、ドイツ人、ロシア人、アフリカの人々や米国人、イスラム教徒、ヒンズー教徒、無神論者のいずれも真剣に疑うことがない。すべての人間が瞬時に察知できる道徳的自明性は実に多数存在するが――このことをわれわれは見落としてしまう。われわれが道徳的な問いかけをすることで関わるのは、たいてい共同体によって意見が食い違うような複雑で困難な道徳的問題だからである（2020c 36）。

後述するようにガブリエルは特定の宗教を擁護する立場を否認するが、道徳的事実を説明する際にその宗教に言及することには意味深長なものがある。「道徳的事実」という語を目にするときにわれわれが連想するのは、カントの言う「理性の事実」である。道徳法則が存在することは「理性の事実」であって、そこからカントは定言命法を基軸とした実践哲学を展開する。これに対してガブリエルの言う「道徳的事実」には、理性による裏づけがない。このことは前章で触れた「不同意」を介して共同体が成立するという、必要最低限の共同性を主張する立場と符合する。ガブリエルはうかつに「理性」を持ち出すことで西洋中心主義という誹りを受けないため「道徳的事実」という最小限の道徳性を担保にしようとしている。

それでは、その道徳的事実はいかなるものか。それを知るには、道徳的事実が何でないかを知るのが早道である。

われわれが何をなすべきで何をなすべきでないかを指図する、そういう道徳的事実が存在する。**事実**とはおおむね、真である何かである。例えば事実とはハンブルクはドイツ北部に所在する、2+2=4、目下貴方がこの文章を読んでいる等々である。**道徳的事実**は以上のような現実の記述とは違って、たいていは何かをすべきとか、何かをすべきでないとかと指図する要請を含んでいる。例えば道徳的事実とはいかなる子どもも虐待すべきでない、環境を保護すべきである、一切の人間をできるだけ（容姿、出自、愛着のある宗教に関わりなく）同等に扱うべきである、行列に割り込むべきではない、自分の身に危険が及ばない限り、相応の人命救助をすべきである等々である。道徳的事実は客観的に存立する道徳的事態であって、具体的にいかなる行為が命じられるか、許容され

るか、許容されないかを確定する。道徳的事実と道徳的価値は正しく認識されたり遵守されたりしなくても、存続可能である。〔中略〕以上挙げた道徳的事実が存在するのであれば、われわれが視線を向けることではじめて道徳的事実が存在するということではなくなるし、また道徳的事実を案出したり道徳的事実の下で団結したりすることではじめて道徳的事実が存在するということでもなくなる。

道徳的事実は社会的契約でも文化的構築物でもない。なぜなら道徳的事実はそれ自体で存立し普遍的な価値基準で測定されるものであって、そうした価値基準を契約により格上げしたり文化的構築物に仕立て上げたりしているからである（2020c 39-40）。

今し方道徳的事実は理性によって基礎づけられないと述べたが、今度は理由もなくあれこれと指示するのが道徳的事実だということが語られている。理由のない指示をあえて敷衍すれば、終章で扱われるカミュの小説の読解から得られるように、窮状を見て見ぬふりをしてはならないということであり、そこには人間が意図的に構成するものが認められない。

もちろん社会的事実にまで立ち返れば、不合意を目の当たりにして自身の意義の領野を改訂するのは、われわれ自身である。そこには言うまでもなくわれわれわれの関与がある。けれどもあるべき社会をあらかじめ構想することは「精神の先回りのできなさ」により否認される。基礎づけがされず、理由もなくあれこれと指示をするのが道徳的事実である。

道徳的事実がどういう場合に機能するかをもう少し考えてみよう。何度か言及したようにSNSが社会に根を下ろしつつある現在、極端な意見が世論を誘導して多数派を形成することが各地で発生している。例えば二〇〇一年の米国同時多発テロ以降、世界的にイスラム教徒に対する差別的な言動が蔓延しているが、そうした「民主的」言動が道徳を凌駕してはならないとガブリエルは説く。

多くの人たちの考えによれば、民主主義はマジョリティの決定である。けれどもこの考えはあまりにも浅薄である。例えばある政党がドイツのマジョリティを説き伏せて、イスラム教徒を国外に追放したりイスラム教徒にもっとひどい仕打ちをしたりするとか、マジョリティの決定を通じて新たな国家社会主義的な独裁者を拝戴しても、この決定は民主主義の枠組では正当化されないし、国家の側からそれ相応の報復を受けることになるだろう。道徳がマジョリティよりも優先するのは近代民主主義の決定的な法典であり、この点によって近代民主主義は、道徳的事実を認識しないためにかなり過酷な判断を下した古代アテネの民主主義からはっきりと区別される（2020c 55-56）。

ここまでの議論はマジョリティがマイノリティを圧殺してはならないのが民主主義の大原則なので、すんなりと理解できるだろう。けれども自衛のために弱者が自身をカテゴリー化しそれをひとり歩きさせることに、ガブリエルは強い警戒感を示す。ここで重要になるのが「ステレオタイプ」という論点である。

ステレオタイプ批判

「ステレオタイプ」という語は高校の倫理社会ないし現代社会の教科書に登場するのでよく知られているものの、語が登場する経緯はあまり知られていないと思うので、その事情について少しだけ述べておこう。この語は、二〇世紀前半に『世論』という著書を刊行した米国のジャーナリストのウォルター・リップマンが編み出したものである。『世論』は第一世界大戦にまつわる新聞と雑誌を介しての報道が、いかに真実からかけ離れているかを問題にした書物である。リップマンはステレオタイプが発生する理由を「経済性」に求める。要するに普段から付き合いがあったり親密であったりする以外の個人を理解するのが面倒なため「自分のよく知っている類型」つまりはステレオタイプを当てはめることで、当該の個人を手っ取り早く、つまりは「経済的」に時間を節約して理解したつもりになるということである。当然のことながら、個人にはその類型に自分が当てはまらないと反論する機会が与えられないので、面と向かっては口に出せないような誹謗中傷が展開されることもある。それゆえステレオタイプは、ヘイトクライムやヘイトスピーチの温床となる。

当然のことながら、そうしたステレオタイプにガブリエルは苛立ちを隠せない。

例えば、すべてのヨーロッパ人が同じように思考し行動するというくらいあり得ない。ヨーロッパ人自体が相当多様である。このことは非常に地域的な水準で明らかである。バイエルン州は他の州に比べて部分的に北ドイツ出身者に文化的な影響を与えている。ハンブルクに居住していながら、ハンブルク人とは異なる集団が線引きされるというのは、それ自体がステレオタイプである。人間がヒンズー教徒やキリスト教徒といった集団に帰属しているという思想は、一つの抽象である。そのような抽象的集団に帰属することを理由に人間を理解し予見すらできるというなら、こうした抽象は誤っているし危険ですらある。このようにして幾つものステレオタイプが生じる。〔中略〕

例えば（勤勉、実直、気難しさといったステレオタイプである）ドイツ的価値は米国的価値、中国的価値、ロシア的価値等々から区別される。前世紀ではこれに加えてユダヤ的‐キリスト教的価値ないし西洋的価値が、とりわけイスラム的価値から区別されるべきだという言説が再三にわたって生じた。まさしく宗教的価値体系を規定するという課題は、少なくても文化同士の線引きと同じくらい困難であるので、事態はいっそう複雑化する（2020c 57–58）。

宗教と道徳性は相容れない

そのうえでガブリエルは何らかの集団への帰属意識と道徳的価値を直結させる見方に強く異議を唱えるわけだが、その矛先がガブリエルの住む西洋に深く根を降ろしたキリスト教を含めた、あらゆる宗教に向けられることに注意したい。かなり長い引用になることを勘弁してもらいたい。蛇足かもしれないが「フランシスコ教皇」は現在のローマ教皇である。

「イスラム教」一般とか「キリスト教」一般とかは、何を意味するのだろうか。単純に聖書やコーランに書かれていることのすべてだとは、限らないだろう。ある伝統に携わり、寄付をし、クリスマスやラマダンを祝うということを、これら二つの語は意味しているのか。いずれにせよ多くの人たちが危険視するコーランの原理主義的解釈と同様に、厳格で原理主義的な聖書解釈も民主主義的法治国家と相容れないのであり、またコーランの原理主義的解釈を危険視する人たちは、キリスト教とユダヤ教の原理主義を度外視するか無害化するかする。

ここで思い起こしたいのは一八世紀と一九世紀に樹立した近代民主主義という革命を伴うよりもはるか前に、ユダヤ教、キリスト教およびイスラム教といった強力な世界的一神教が成立したということである。世界宗教のいずれの創始者も近代民主主義に好意的でないのは、当該宗教の創始者の時代にそのような統治形態がまったく周知されていなかったからである。一切の（ヒンズー教と仏教を含めた）世界宗教の聖典に見られる多くの行為の推奨と命令は、どう見ても人間の尊厳の毀損を呼び掛けるものであり、人権の構造の洞察とは明らかに相容れない。例えばモーゼ書第三巻の二〇章には、次のように男性同性愛者を槍玉に上げるおぞましい一節がある。「女と寝るように男と寝る者は、両者共にいとうべきことをしたのであり、必ず死刑に処せられる」（レビ記二〇章一三節)。

追放のようなそれほど過酷ではない刑罰に処される者は、道徳的な条件下で比較的軽く扱われる。「生理期間中の女と寝て、これを犯した者は、女の血の源をあらわにし、女は自分の血の塊をあらわにしたのであって、両者共に民の中から絶たれる」(レビ記二〇章一八節)。

同じ状況でも外部からの訪問者は、必ずしも寛大には処されていない。「人の妻と姦淫する者、すなわち隣人の妻と姦淫する者は姦淫した男も女も共に必ず死刑に処せられる」(レビ記二〇章一〇節)。

両親を呪う者の扱いも、酷く見える。「自分の父母を呪う者は、必ず死刑に処せられる。父母を呪うことは死刑に当たる」(レビ記二〇章九節)。

ヒンズー教の重要な聖典である『バガヴァット・ギーター』も、血なまぐさい経緯により成立している。これは『マハーバーラタ』と呼ばれる偉大な叙事詩の一部で、従兄弟の二つの集団であるカウラヴァ族とパーンダヴァ族のあいだで繰り広げられる、王位と領地の継承をめぐる血なまぐさい争いが主題となっている。複雑な状況から浮かび上がるのは、ヴィシュヌ神の化身（具現）であるクリシュナがパーンダヴァ族の王子であるアルジュナの御者として登場することである。アルジュナは血なまぐさい戦いのなかで自分の部族に背を向けることに躊躇する。そこでクリシュナがアルジュナに正体を明かす。神的認識の教示は戦いの終結や部族との和解を導かないどころか、アルジュナに戦いを起こす勇気を与えた。なぜならアルジュナの考えによれば、自分の神的な御者は戦いの正しさの証左だからである。

このヒンズー教の聖典において問題になっているのは部族同士の戦いの正当化をめぐるアルジュナとクリシュナの会話であって、和平交渉ではない。こうしたテクスト状況に鑑みれば、ヒンズー教は新旧の聖書と同様に相当血なまぐさい要件となる。

キリスト教においても、それほど友好的に物事は進捗しない。私の新約聖書の読み方によれば、イエスは「平和ではなく、剣をもたらす」（マタイによる福音書、一〇章三四節）ためにやってきた。「わたしが地上に平和をもたらすために来たと思うのか。そうではない。言っておくが、むしろ分裂だ」（ルカによる福音書、一二章五一節）。この連関でイエスが提案しているのは、家族を見捨てて父母や子どもたちよりも自分を愛させる最後の審判の預言である。新約聖書による最後の審判の規定が拠り所とするのは、世界が没落すると直ちに審判が言い渡されることで、この（それまでになかった）状況下で市民的家族生活の存続が何の意味もなくなることの受容である。

マタイがフランシスコ教皇でないようにアルジュナはガンジーではなく、ここから宗教という領域における道徳的進歩が認識できる。ガンジーとフランシスコ教皇のそれぞれによるヒンズー教とキリスト教の解釈は平和主義的かつ普遍主義的に方向づけられており、それゆえ両者は最初から原理主義的な混乱との対決に腐心したのである――とはいえ幾つかの理由により事態が単純でなくなる理由は、両者の抱く女性のイメージが反動的だと批判される余地があるからである（2020c 68–71. 聖書からの引用は新改訳版に基づく）。

キリスト教の場合は最後の審判において家族と離れ離れに復活することとの問題を指摘するにとどまるので、キリスト教への評価は他との宗教と較べてかなり甘いと見られるかもしれない。ヒンズー教と仏教の区別がついていないという点も、批判が集まるだろう。けれどもどれだけの日本人の読者が『バガヴァット・ギーター』の詳細を知っているのだろうか。なんとか西洋中心主義から脱却しようとするガブリエルの懸命な態度には、一定の評価が与えられるべきである。

ロールズへの高い評価

厳密に言えば、宗教的価値と相容れないのは道徳的価値と言うよりは民主主義の理念——ガブリエルの言い方によれば「民主主義的法治国家」——であって、この理念があってこそ道徳的価値が保持されるという考え方である。不寛容に対する寛容は許さないという態度を論じる段になると、ガブリエルにおいて政治と道徳の問題は急速に接近する。

われわれは誤った意見に寛容である。けれどもこのことは、総じてそれほど好ましいものではない。なぜなら、真なる意見のみを所持する人間など存在しないからである。それどころかわれわれは皆、相当に多くの誤った意見を所持している。一切を知る者など存在しないからである。だからといって、われわれは一切の意見に寛容であるべきではない。傍目から見て気づかされるのは、不寛容に対して寛容であることを支持するだけの根拠が存在しないことである。つまり寛容に対する闘争が不寛容に数えられるのである。寛容は自らの敵に引き離されることをなぜ許容するのか。これではまるで、好戦的な人物（戦争を扇動する側）に意に沿わずに戦場に引きずり出されることを、平和主義者が自動的に許容するようなものである。平和主義が正当化されるのはむしろ、好戦的な人物の活動を制限しあわよくば完全にその力を殺ぐため（道徳的に許容される程度で暴力的手段を排除する）平和主義者の意のままになる方策をことごとく履行する場合である。好戦的な人物に対する寛容をしてはならないがゆえに、そもそもいかなる戦争もすべきでないという点に、平和主義者の機知がある。

不寛容から出発する場合も、これとまったく同じである。寛容を備えた積極的な道徳的性格の者は、次のような状況に感動する。その生き方と考え方に違和感を覚えるどころか気にさわる人に、一定の限界の下で自分が正しいと思うように生きて考える権利を認めるという状況である。一定の限界を確定させるのは、その者の別様な生き方と考え方が寛容である側の生き方と考え方を侵害しないということである。道徳的に中立的な生活設計と決定に寛容であることが、道徳的に命じられる。これに対して（虐待とかテロといった）道徳的に非難されるべき生活設計に寛容であることは、道徳的に非難されるべきである（2020c 74-75）。

そして不寛容に対する寛容を認めないためガブリエルはロールズの『正義論』で言われる「無知のヴェール」を手掛かりにして、現代のネオナチ青年がナチス時代のドイツにタイムマシーンで旅行するという思考実験をする。タイムマシーンに乗り込む直前の青年は念願のナチス時代を体験できることに喜々としているかもしれないが、ナチス時代に到着した瞬間にそれまでのネオナチの特性を失えば、迫害されているのが何人であろうが、その迫害の行為を非人道的だと思いなすに相違ないというのが、思考実験の結論である。それゆえわざわざ不寛容に対する寛容を考慮する必要がないというのである。

こうしたロールズに対するガブリエルの意外にも高い評価は、この両者のあいだにある種のカント主義が通底することの証拠である。もっとも意義の領野同士が不同意を介して自身を改訂するという社会モデルは、双方の一致ではなく「重なり合う合意」を目指す後期ロールズの『政治的リベラリズム』(神島裕子・福間聡訳、筑摩書房、二〇二二年)に近しいと見ることもできる。

フランス革命に対する評価

第二部の冒頭では二一世紀の社会が混乱と悪行に見舞われていても、まだ希望がある旨が次のように述べられる。

われわれ人間の行為は主として当為である。行為の際にわれわれは再三にわたって新たな道徳外的事実を認識し、新たに道徳的に課せられた事実を産み出す。例えば今日の生活世界のデジタル的な生産や人工知能がそうした道徳外的事実である。そうした事実とともに立ち現われる倫理的な問いは、道徳的進歩の可能性が改めて伴うものは何かということである。われわれが根源的に悪なのは、本性的に利己的ないし暴力的な衝動のみにしたがうという意味ではない。人間は本性的に善でも悪でもなく、本性的に自由である。そして道徳的事象のうちで正義か虚偽かをなす能力があるということを自由は意味する。（2020c 99）。

ここでは道徳的事実が自ずと当為を示していること、そして当為を示すことは自由によってなされているのであって、正義か虚偽を決める能力が自由だと見定められる。

このことは現に存在する悪の帝国においてですら不動のものとなっていることを含意する。

それゆえ最悪の道徳的怪物――マルキ・ド・サドの小説の登場人物、残念ながら世界史的に重要な俳優であるアードルフ・ヒトラー、毛沢東、金正恩――ですら、心を通わせたり協力して支配権を行使する必要があったりする人間集団に接する場合には、しばしば道徳的に行為する（2020c 100）。

このような言い方を通じて、いかなる体制が圧政を強いているかについてのガブリエルの認識が間接的に見て取れる。ここまでの引用でプーチンの名前は出ていないが、別の個所でＡｆＤと同列に扱われることに鑑みれば、いわゆるかつて存在した（考えようによっては現在も続く）社会主義体制にガブリエルがいいイメージを有していないことが知られる。

だからといって、ガブリエルはフランス革命から始まる西欧の民主主義が万全のものとは考えていない。先ほどの引用でキリスト教を相対化するのと同様、フランス革命の評価も一長一短とされる。

フランス革命は近代の始まりを告げる鼓笛である。革命の一部は道徳的熱狂により成立する。人間を階級に分断し人種、信教、性別により評価するイメージに決着をつけるという目標に、さまざまな社会集団が身を捧げる際の熱狂のことである。それゆえ近代は——冷笑的な絶対的専制とその権力に庇護された特権階級からなる——アンシャン・レジームの価値相対主義を克服し、一切の国民に妥当し当時の支配者に蹂躙された人権を要求する試みから始まる。

他方で近代の成立史は、よりにもよってしばしば道徳的普遍主義に背を向けてきた。なぜならフランス革命に続いたのが暴力の濫用と国家レヴェルのテロ行為であり、ナポレオンの出征と新たな搾取システムの枠内での総力戦だからである。そもそもポストモダニズムとポストコロニアリズムの側からの近代批判によれば、近代全体がヨーロッパによる植民地支配のプロセスとされる。ヨーロッパはヨーロッパ以外の世界の地域を破滅させるため、普遍的道徳にしたがっていることを装う言葉を使用しているというのである（2020c 101–102）。

ここでフランス革命のうちの恐怖政治の時代が社会主義体制を準備するものだったということが示唆されている。

定言命法の二つの定式化

それでは「民主主義的法治国家」を裏打ちする道徳性の考え方とはいかなるものか。その内実は意外なほど単純である。まずガブリエルは、動物のうちに道徳性に似たものを認めつつも、その改訂能力については人間が断然他の動物種よりも優れていることを強調する。

人類の道徳性が人類以外の動物種のそれよりも「高度」なのは、歴史的に展開されたわれわれの行為の雛形が複雑性をコントロールする基準を示しており、その基準により絶えず従来の道徳的判断を改訂するとともに、道徳的進歩の可能性（後退もあり得るが）を導くからである。人間が展開する行為の雛形がまったく新しい場合は、その雛形がすでに道徳的評価の訓練を受けた実践家の空間に人間を引き入れなければならない。石器時代には都市部の神経症患者、オタク、極右勢力、ホテルの経営者、国会書記は存在しなかったのだから、人類が未来にどういう行為の選択を展開するかは予想のしようがない（2020c 129–130）。

つまり動物の道徳的とおぼしき反応はある瞬時に限られるものであって、その反応が土台になってより高次の道徳性が構築されていないことが強調される。たしかに石器時代の人類と二一世紀のオタクのあいだには同じホモ・サピエンスと思えないくらいの道徳的意識の違いがあり、そういう特殊な人間の行動様式を許容するほど人類は道徳的に進歩したことが強調される。もちろんここで言われる道徳的判断の改訂は『フィクション論』で言われる意義の領野の改訂可能性と呼応するものである。

そして道徳的進歩を導く原理として要請されるのが、有名なカントの定言命法である。ガブリエルは定言命法の次の二つの定式化に着目する。

普遍化の定式：「汝の意志の格率がつねに同時に、普遍的立法の原理として妥当し得るように行為せよ」。

自己目的の定式：「汝の人格における人間性のみならず、汝以外のあらゆる人格における人間性をつねに同時に目的として用い、決して単なる手段として用いないように行為せよ」。

ここでカントが表現するものは、首尾のよい社会化の基礎づけとして理解可能である。カントが定言命法を回答とした問いの一つは、次のように定式化可能である。われわれが望み通りのことが達成できて、しかもそのことで別の達成を望んでいる他人をそうとは知らずに傷つけずに済むように、われわれの行為をどのように調整すればいいのかと（2020c 144–145）。

つまりは自身の幸福を追求するのに相応しい方法がどこまで一般化できるか、またその方法がどの程度まで他の人間の幸福の追求を妨げないものかを考慮して調整するのが、道徳的意識だと見なされる。幸福の追求が必ずしも他律として否認されないことに注意したい。この点でも道徳性の原点が「理性の事実」とされない理由が垣間見られる。

普遍化の定式の根本理念によれば、われわれが個人的かつ集団的に樹立した生活様式が道徳的価値のほどよい振幅に収まることで、万人が善に参与することと両立可能になる。善そのものがその実現から人間の集団を排除するというのは、まやかしである。したがって中国的価値やロシア的価値、あるいはキリスト教−ユダヤ教的価値やイスラム教的価値というようなものは存在しない。こうした局在的で特別な価値の理念はあらかじめ限定されているので、当該の価値の実現により（例えばヨーロッパ人、無神論者、多神論者、イスラム教徒、米国人といった）何らかの人間の集団を排除してしまうからである。

自己目的の定式化の根本理念は、同じ思想を別様に表現するものである。ここでカントが導入するのは「汝の人格における人間性」という概念である。人格とは、人間が社会において果たす役割を可視化したものである。ペルソナ（人格）の語源はローマ時代の劇場で用いられた、それをかぶった俳優の声を反響させる仮面である。われわれの人格は公共的に可視化された役割であり、他者がこの目で見この手で触れることのできるわれわれの挙動である。それゆえカントによれば、あらゆる人格に秘匿されているのは人間性である。つまりわれわれの誰にも分け与えられている〈人間である〉という普遍的な特質である（2020c 147）。

要するに重要なのは人間性の向上であって、ステレオタイプ化された特定の集団の価値観を正当化するものではないとされる。このことを逆に言えば、基本的にピーター・シンガー等の主張する動物の権利論を否定する方向に向かうが、ガブリエル自身は環境倫理を軽視するわけではなく、世代間倫理を重視するアプローチで環境問題を捉えている。これについては終章で取り扱うこととする。

こうした道徳性の定式化は月並みなものに見えるかもしれないが、この定式化を用いると一見正反対にも思える有神論と無神論の折り合いがつけられるとガブリエルは見る。第二章で触れた『あらゆるもの』における無神論の取り扱いが、ここで再現される。

そもそもわれわれが合理的で、かつ原則的に万人が履行可能な表現を用いた普遍的に通用する善い根拠に基づきながら、道徳的な確信に責任を持とうとするならば、道徳性のイメージの上に神のイメージを打ち立てるのであって、その逆ではない。神が善そのものであり、最善に基礎づけられた価値のイメージと一致する限り、この見解には神学的にも問題はない（もちろん道徳的問題において神は無謬的であるから、とりわけこの点について神は可死的なものから区別される）。この見解はユダヤ教、キリスト教およびイスラム教の聖典の多くの解釈と折り合いがつくものであり、それゆえ民主主義的な法治国家とも折り合いがつく。

もちろん同じことは無神論にも難なく妥当する。道徳的事実の認容や目的の国に闇雲に背を向けるほど混乱していなければ、世界宗教と同様に無神論も道徳的に受容可能だからである。多くの無神論の考えによれば、存在するのは目的の国ではなく、せいぜいのところ進化の織り込まれた生得的な利他的行動にとどまっている。この考え方は普遍的価値の基礎ではなく「利己的遺伝子」として広く知られているものへの固執を手放しで推奨するものにすぎない（2020c 180–181）。

つまりは信仰の対象が神なのか、それともドーキンスの言うような「利己的遺伝子」なのかを話題にすれば間違いなく有神論と無神論は対立するが、それなりに道徳的事実に配慮をする言動をする点では両者は歩調を合わせられるとされる。ガブリエルの議論の真骨頂は道徳性の定式化の仕方ではなく、道徳的事実に鑑みたこれまでの社会的主張を一刀両断する鮮やかさにある。

アイデンティティというキーワード

第三部では第一部で提示されたステレオタイプの問題が追求される。第一部ではマジョリティがマイノリティを抑圧することを阻止する意味合いでステレオタイプにスポットが当てられたが、ここではマイノリティが自身の言動を正当化する論理もステレオタイプとして批判される。そこで注目されるのが「アイデンティティ」というキーワードである。

> 人間をアイデンティティ集団に選別することは正しい説明ではなく、局在的アイデンティティの代わりに普遍的価値に応じることを遠ざけるという誤認である。夢か現実かの問題にかかわらず、現に抑圧された、あるいは抑圧されたと称されるマイノリティの名目でマジョリティとの闘争を志す者は、マイノリティの抑圧を招くのと同じ過ちが当該の闘争により永続化されることを見過ごしている。不正な抑圧に反対する闘争をおこなう者は、抑圧者を不正に抑圧することを目標としてはならない（2020c 186）。

結論を先取りすれば、確かに白色人種が有色人種を、男性が女性を差別するのは正しくないが、このことは必ずしも白色人種の男性が例外なく悪だということを意味しない。つまり「白色人種」とか「男性」とかのアイデンティティがステレオタイプであれば「有色人種」とか「女性」とかのアイデンティティも、同じくらいステレオタイプだということである。

『フィクション論』ではSNSというメディアがいろいろと批判されたが、ここではそのSNSで沸騰する差別的言説が批判される。ステレオタイプはその批判の道具の一つであるが、ガブリエルはそうしたヘイトスピーチなるものを稀少資源の争奪戦とも見なしている。唐突な主張にも思えるので、少し詳しく見てゆこう。

「ハビトゥス」への注目

ガブリエルは先ず、ブルデューの主張する「ハビトゥス」という概念に注目する。

金、スマートフォンあるいはエネルギー源のように、すべての資源が物質的ないし理財的に測定可能なわけではない。フランスの社会学者のピエール・ブルデューが示したように、こうした物質的ないし理財的資源から**象徴的資源**を区別することができる。象徴的資源に含まれるのは評判、学問的名声、容姿の美しさ、天分の知性、優れた教育、着こなしその他の似たようなものであり、よい趣味判断さえも含まれる。

象徴的資源は物質的資源と相関的である。一定の理財的水準に達しなければ手に入れられない象徴的資源も存在するからである（例えばワインの醸造学はこれに含まれる――

高級ワインは高価なのだから）。他の象徴的資源も、物質的資源の獲得に基づいている。例えば優れた教育や（陰に陽に特定の職業につくための前提である）容姿の美しさがこれに含まれる。

われわれの誰もが日常的な振る舞いを通じて、多かれ少なかれ偶然的に、あるいは意識的に獲得された象徴的資源により編み込まれた複雑な衣装を身にまとっている。この衣装を、ブルデューの表現を用いて**ハビトゥス**と呼ぶことにしよう。

物質的資源と非物質的資源は複雑に編み込まれている。人間が一定のハビトゥスを介して一定の職場を得るというのは、瞠目すべきことである。ここで問題になるのは一方では雇い主によって一定の類型の従業員が選抜されることであり、他方ではある職業で果たす役割がハビトゥスに彩りを添えることである。つまりわれわれのハビトゥスは、生活の成り行きによって絶えず変化している。言うならばハビトゥスの貯蔵庫のようなものがあって、われわれはその貯蔵庫から象徴的資源を取り出して、複雑な独自の論理にしたがった展開をしてゆくというわけである（2020c 187）。

先ほど「稀少資源の争奪戦」という書き方をしたが、そこで一般的に想定されているのは半導体を製造するための原料となるレアメタルのようなものだろう。他方で考えようによっては「評判、学問的名声、容姿の美しさ、天分の知性、優れた教育、着こなし」や「よい趣味判断」といったものも、生活をよりよくするための「象徴的資源」も、それなりの「稀少資源」である。例えば二世の国会議員や芸能人の立ち居振る舞いやファッションが「育ちのよさ」を反映するものとしてもてはやされる。こうした象徴的資源と、レアメタルのような「物質的資源」、あるいは「理財的価値」を連動して捉える概念が「ハビトゥス」である。

ガブリエルの説明では抽象的なので、具体例を挙げてみよう。現在のように日本人のテニスプレーヤーが世界的に活躍する前に、唯一名のよく知られていたテニスプレーヤーが松岡修造である。曽祖父の小林一三は阪急東宝グループの創始者、祖父は東宝社長、母は宝塚歌劇団出身という華麗なる家系で、いわゆる理財的価値が松岡家にふんだんに貯えられていた。その価値を利用して松岡は非常に費用のかかるテニスの腕前を上げ、海外大会にも出場し、現役引退後はスポーツ解説者の枠を超えたある種の芸能人としての活動をおこなっている。つまり松岡修造の成功の裏には当人のテニスプレーヤーとしての修練だけでなく、その家系が有する理財的価値も大いに貢献していることになる。恐らくテニスプ

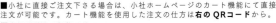

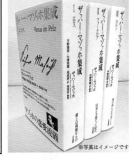

新刊一覧

セクシュアリティの性売買

キャスリン・バリー 著
井上太一 訳

搾取と暴力にまみれた性売買の実態を国際規模の調査で明らかにし、その背後にあるメカニズムを父権的権力の問題として理論的に抉り出した、ラディカル・フェミニズムの名著。

¥5500

人種の母胎

性と植民地問題からみるフランスにおけるナシオンの系譜

エルザ・ドルラン 著
ファヨル入江容子 訳

性的差異の概念化が、いかにして植民地における人種化の理論的な鋳型となり、支配を継続させる根本原理へと変貌をしたのか、その歴史を鋭く抉り出す。

¥5500

戦後期渡米芸能人のメディア史

ナンシー梅木とその時代

大場吾郎 著

日本とアメリカにおいて音楽、映画、舞台、テレビなど活躍し、日本人女優で初のアカデミー受賞者となったナンシー梅木の知られざる生涯を初めて丹念に描き出す労作。

¥5280

翻訳とパラテクスト

ユングマン、アイスネル、クンデラ

阿部賢一 著

文化資本が異なる言語間の翻訳をめぐる葛藤とは? ボヘミアにおける文芸翻訳の様相を翻訳研究の観点から明らかにする。

¥4950

マリア＝テレジア 上・下

「国母」の素顔

B・シュトルベルク＝リリンガー著 山下泰生／伊藤惟／根本峻瑠訳

「ハプスブルクの女帝」として、フェミニズム研究の範疇からも除外されていたマリア＝テレジア、その知られざる実像を解き明かす、第一人者による圧巻の評伝。

各¥8250

戦後期渡米芸能人のメディア史

ナンシー梅木とその時代

大場吾郎 著

日本とアメリカにおいて音楽、映画、舞台、テレビなど活躍し、日本人女優で初のアカデミー受賞者となったナンシー梅木の知られざる生涯を初めて丹念に描き出す労作。

¥5280

読書装置と知のメディア史

近代の書物をめぐる実践

新藤雄介 著

書物をめぐる様々な行為と、これまで周縁化されてきた読書装置との関係を分析し、書物と人々の歴史に新たな視座を与える力作。

¥4950

ゾンビの美学

植民地主義・ジェンダー・ポストヒューマン

福田安佐子 著

ゾンビの歴史を通覧し、おもに植民地主義、ジェンダー、ポストヒューマニズムの視点から重要作に映るものを仔細に分析する力作。

¥4950

新刊一覧

イスラーム・デジタル人文学

須永恵美子 編著
熊倉和歌子 編著

デジタル化により、新たな局面を迎えるイスラーム社会。イスラーム研究をデジタル人文学で捉え直す、気鋭研究者らによる最新の成果。

¥3520

ディスレクシア

マーガレット・J・スノウリング 著
関あゆみ 監訳
屋代通子 訳

ディスレクシア（発達性読み書き障害）に関わる生物学的、認知的、環境的要因とは何か？ ディスレクシアを正しく理解し、改善するための効果的な支援への出発点を示す。

¥2860

シェリング以後の自然哲学

イアン・ハミルトン・グラント 著
浅沼光樹 訳

シェリングを現代哲学の最前線に呼び込み、時に大胆に時に繊細に対決させ、革新的な読解へと導く。カント主義批判により思弁的実在論の始原ともなった重要作。

¥6600

一つの惑星、多数の世界
ドイツ観念論についての試論

ディペシュ・チャクラバルティ 著
篠原雅武 訳

人文科学研究の立場から人新世の議論を牽引する著者が、ラトゥール、ハラウェイ、デ・カストロなどとの対話的関係のなかで示す、新たな思想の結晶。

¥2970

近代日本の身体統制
宝塚歌劇・東宝レヴュー・ヌード

垣沼絢子 著

戦前から戦後にかけて西洋近代社会、民主主義国家の象徴とみなされた宝塚・東宝レヴューを概観し、西洋近代化する日本社会の身体感覚の変貌に迫る。

¥4950

福澤諭吉
幻の国・日本の創生

池田浩士 著

福澤諭吉の思想と実践——それは、社会と人間をどこへ導いたか？ 福澤諭吉のじかの言葉に向き合うことで、その思想と実践をあらたに問い直し、功罪を問う。

¥5060

反ユダヤ主義と「過去の克服」
戦後ドイツ国民はユダヤ人とどう向き合ったのか

高橋秀寿 著

反ユダヤ主義とホロコーストの歴史的変遷を辿りながら、戦後、ドイツ人が「ユダヤ人」の存在を通してどのように「国民」を形成したのかを叙述する画期作。

¥4950

宇宙の途上で出会う
量子物理学からみる物質と意味のもつれ

カレン・バラッド 著
水田博子／南菜緒子／南晃 訳

哲学、科学論にとどまらず社会理論にも重要な示唆をもたらす21世紀の思想にその名を刻むニュー・マテリアリズムの金字塔的大著。

¥9900

今回のイチオシ本

思想としてのミュージアム

増補新装版

博物館や美術館は、社会に対してメッセージを発信し、同時に社会から読み解かれる、動的なメディアである。日本における新しいミュゼオロジーの展開を告げた画期作。旧版から十年、植民地主義の批判にさらされる現代のミュージアムについて、論じる新章を追加。

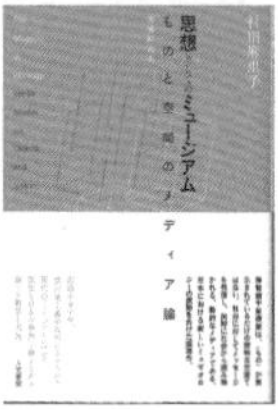

村田麻里子著
¥4180

呪われたナターシャ

復刊

現代ロシアにおける呪術の民族誌

三代にわたる「呪い」に苦しむナターシャというひとりの女性の語りを出発点とし、呪術など信じていなかった人びと—研究者をふくむ—が呪術を信じるようになるプロセス、およびそれに関わる社会的背景を描いた話題作、待望の復刊！

藤原潤子著
¥3300

超越論的存在論

ドイツ観念論についての試論

存在者へとアクセスする存在論的条件の探究。「世界は存在しない」「複数の意味の場」など、その後に展開されるテーマをはらみ、ハイデガーの仔細な読解も目を引く、哲学者マルクス・ガブリエルの本格的出発点。

マルクス・ガブリエル著
中島新／中村徳仁訳
¥4950

はじまりのテレビ

戦後マスメディアの創造と知

1950～60年代、放送草創期のテレビは無限の可能性に満ちた映像表現の実験場だった。番組、産業、制度、放送学などあらゆる側面から、初期テレビが生んだ創造と知を、膨大な資料をもとに検証する。気鋭のメディア研究者が挑んだ意欲的大作。

松山秀明著
¥5500

レーヤーを志す若者のなかには、もしも松岡家ほどの貯えがあれば一流選手になったに違いないとうらやむ者もいるかもしれない（念のため断わっておくが、筆者自身は松岡家に何の恨みもない）。

このように「ハビトゥス」を介在させて社会問題を考察すると、レアメタルや石油の争奪戦だけでなく、少し前に騒がれたロスジェネ世代の就職難や、最近では親ガチャと呼ばれるような世代間の不平等感も議論の射程に収まることになる。こうした争奪戦の激化を回避すれば、ＳＮＳの炎上や国民の分断も克服されることだろう。

アイデンティティとステレオタイプ

先ずガブリエルは各々のアイデンティティ集団に稀少資源の分配を求める運動を「アイデンティティ政治」と名づけ、これをステレオタイプと結びつける。

いわゆる**アイデンティティ政治**は「アイデンティティ」と呼ばれる一定の社会的モデルと、物質的および象徴的資源の配分の連関を設定したうえで、そこから政治的方針を導くことで成立する。確かに目下のアイデンティティ政治の危機は、各自が縄張りに引き入れるアイデンティティと呼ばれるものが実際にはハビトゥスと大差がないことで生じている。ハビトゥスについては社会学的な研究がなされているが、アイデンティティについてはそうなっていない。アイデンティティという流浪する概念に隠されているのが、ステレオタイプの拡大である。ステレオタイプは原則的に配分にまつわる測定可能な闘争や取り扱いを実際には担っていないが、そういうステレオタイプが拡大している。

ステレオタイプは現実を引き裂く行為の記述である。にもかかわらずそういうステレオタイプを仲介にして、人間の行動様態を集団の帰属性との関わりで説明する試みがなされている。ステレオタイプはわれわれの態度とともに、ステレオタイプというフィルターを通じて知覚される人物に対する行為に影響を与える。典型的なドイツ人、バイエルン人、ベルリン市民、アラブ人、カトリック教徒、トランスジェンダー、男性、女性、西ドイツ人と東ドイツ人、白人と黒人というものは存在せず、これらの典型の強弱が考慮されなければならない。これは学問分野では近代においてはじめて、おおよそ一八世紀半ばから始まった哲学のみならず、他の人文社会科学の展開から来る主要な帰結の一つである（2020c 188–189）。

このように規定したうえで、先述の白人の男性を絶対的悪と見なすことの理不尽さが次のように語られる。なおCSUは、保守系のドイツの地方政党のことである。

ステレオタイプが危険な理由は、他人の行為を自分の行為のように道徳的に誤りだと位置づけるために、相手に対して誤った反応をするよう導くからである。例えばベルリンとニューヨークに在住した経験のある緑の党の支持者の女性がミュンヘンに引っ越して、先祖が代々ミースバッハに居住してきた八〇代のCSUの支持者の男性に出会ったとして、両者が自身のステレオタイプから相手の行為の予測を導くとすれば、その判断は恐らく誤りになるだろう。なるほどCSUの支持者の男性はCSUに投票するが、その予測から得られるものは多くない。恐らくその男性は二〇一五年の難民の危機にあっても、歓迎の行事に参加して難民のための寄付をするだろう。気候変動にブレーキをかけるため、環境に配慮する基準にしたがって自宅をリフォームするだろう。逆にコスモポリタニストであることを自慢する緑の党の支持者の三〇代の女性が、外見だけで人種差別的な判断をすべきでないと言いつつも、CSUの支持者の男性を道徳的に非難し、それでいて初対面の印象が予想と異なるということもあり得る。こうした先入見を取り除こうとする女性の試みは、自分とは異質だと認識する余所者に対する先入見そのものに向けられているが、その際に見過ごされているのは自分に対立するCSUの支持者の男性もまた、道徳的な敬意を払うべき余所者だということである。遠く離れた土地からドイツまでやってきた難民や移民を歓迎しておきながら、CSUの支持者の男性に敵愾心を抱く者は、敵愾心を抱くというまさにそのことにより、本来なら避けるべき過ちを犯している。なぜならこの者は、自分にとっての余所者を直ちに道徳的に非難しているからである（2020c 192–193）。

つまりは国際的な環境問題の女性の活動家が保守系政党の支持者である高齢の男性をその外的な規定のみを理由にして糾弾するのは、自身の政治的信念に対する反発を受けるだけで広範な支持は得られないということである。このことは社会集団の視点に立てば、国民のあいだの分断を助長することを意味する。

もちろんこのことは、ガブリエルが反フェミニズムに与することを意味しない。例えばガブリエル自身がある会議場で実際に経験したことからうかがい知ることができる。事実経過も知らせる都合上、長めの引用になる。

それ〔極右の主張〕は、言論と身体に関わる暴力を行使するための口実でしかない。このことを最近私は、未来世代の正義に関わる社会秩序を展望する会議の席上で身をもって体験した。『一次元的女性』の刊行により注目を集めたラディカルフェミニストを自称する英国の哲学者のニーナ・パワーは会議の席上で、会議の参加者で反ファシズム活動家のジャーナリストのナターシャ・レナードからの攻撃を受けた。レナードはパワーをTERF、すなわち「トランス排除的ラディカルフェミニスト（trans-exclusionary radical feminist）」だと非難した。多数の人々が「男性的」だと分類する外見を示しながら女性を自称するトランスジェンダー女性の権利に異議を唱えるフェミニストという意味である。

ここで問題になっているのは、トランスジェンダーとドイツにおいてわれわれが（道徳的進歩という理由により）喜々として法的にも「多様」として擁護された人々に対する正義というテーマを基礎づけることではない――最初に最大限に基礎づけられるべき進歩がすべての人間が（カテゴリーをどのように規定しても）明確に女性的とか男性的とかではないという状況を、人文科学的に十全に保障する認識をすることにある。

パワーとレナードのあいだの舌戦がわれわれを驚かし不安にさせるのは、レナードがそのスピーチのなかで〈真理は存在せず「ファシズム」は定義できない〉とする議論にはっきりと賛成していることである。「ファシズム」に当てはまるものを確定するのはむしろ、レナードに代表される反ファシズムの運動である。レナードがパワーをファシズムの系列に押し込む唯一の根拠とされるのが、典拠を示さずに繰り広げられるネット上の反レナードのキャンペーンである。パワー自身は知らなかったようだが、そのキャンペーンは圧倒的にフェイクニュースで成り立っており、そこでパワーは（英国では法的措置の対象となる）悪魔主義者に仕立てられていた。レナードは（他の会議の参加者にも会議運営の関係者にも周知されていない）オンライン会合の冒頭で、パワーには会議に参加する資格はなく、即座に反論する根拠を挙示する準備もパワーにはなかったと語った。レナードの最終的な結論は、存在するのはそれなりに客観的な根拠や真理ではなく、レナードの言うところの「ファシズム」に反対する運動のみであり、ファシズムを形成するのは何であるか、またパワーをファシストとして認定する根拠は何であるかは語らず仕舞だった。ここでは同等の権利のある人格であるパワーが（その理論的業績をどう位置づけるにせよ）理由を示せずにパワーを言論の場から排除したがっている活動家に相対するというかたちになっている。

左右いずれのアイデンティティ政治も、その道徳的要求が事実に対応しないことでしばしば頓挫する。とはいえ頓挫の状況は、左右いずれも明白な証拠のある真理をときには論駁し、ときには非真理を真理と言い立てることで押しのけられるのであり、その際には普遍的に妥当する判断を目指すための真理発見の手続きは一顧だにされない。その背景にあるのは、しばしばポストモダンの圏域を淵源とする散漫な理論の名の下で真理、事実、実在論および普遍主義に攻撃を仕掛けることである。こうして道徳的進歩が暗転するわけだが、その暗転は時として社会的、政治的ないし科学的進歩を引き合いにして生じる（2020c 222-223）。

ここで紹介された事件がどこまで真相なのかは定かではないが（ガブリエルの言い方からすればまさしく「社会的事実」である）、いずれにせよ長いあいだ女性の権利拡大に努力してきたフェミニスト活動家がトランスジェンダー差別をおこなったという理由で糾弾されるという事例は、わが国でも認められる。そのうえで確認しておきたいのは、フェミニスト活動家を「ファシスト」として糾弾するのは、たとえステレオタイプを認めていても明らかなカテゴリーミステイクだということである。にもかかわらずレナードの主張がネット内で一部の喝采を浴びるというのは、ＳＮＳ等の議論がいかに「客観的な根拠や真理」抜きでなされているかの証左となる。

社会構築主義批判

この後アイデンティティ政治の迷走の原因とされるのが、著名なポストモダンの科学哲学者のローティの唱える「アイロニカルな連帯」（齋藤純一・山岡龍一・大川正彦訳『偶然性・アイロニー・連帯――リベラル・ユートピアの可能性』岩波書店、二〇〇〇年）だが、ローティとガブリエルは「文化左翼」に批判的だという点では一致するので、ここで両者の関係についての評価は保留したい。むしろ『フィクション論』で展開された社会構築主義批判の文脈にまでさかのぼりたい。

社会的構築ないし、社会的なものの構築という概念はこの存在論的問題に特殊な返答をする連関で生じる。その返答は人間の社会性を射程に入れて、既存の制度の文脈内で自身の概念形成を顕在的な活動の調整をする現象に定位するというものである。社会的構築の基本的理念は、反実在論的な構築計画に従属する。それによれば社会的事実はまさしく、集団の成員が集団の存続を受容するような仕方で（かつその限りで）成立する。それゆえ社会的事実は、その存続を内心でイメージする個人を陰に陽に容認することを拠り所にする。〔中略〕

社会構築主義を構築するにあたり、社会的なものは最初から自然的なものから区別されている。そこで生じてくるのが、社会的なものがどのようにして自然と適合するのかという問題である。そこで「第二の自然」の理念という断ち切りがたい魅力に貢献する布置が登場する。この理念によれば社会的なものはそれが第一の匿名的自然を除外しない限りで自然的であり、それゆえわれわれの社会的ヴォキャブラリーは自然科学的なそれと両立可能だというのである。他方で第二の自然は内在的な規範性により特徴づけられるので、第一の自然からこぼれ落ちてしまう。それゆえ第二の自然は、説明済みの超越に対応しない。とはいえ第二の自然に関わるたいていの理論家の眼からすれば、その超越のおかげで人間の社会性は人間以外の生命体に認められる社会性から区別される。人間が子孫の態度を——教育や人間形成を通じて——本来的に規範化することで「目的の国」を産出したり、当該の国の成員の活動に自覚的に参画する能力を陶冶したりすることで、人間の社会性が成立する（2020b 435–438）。

少し回りくどい言い方なので、説明を補足しよう。とりあえず社会が自然から区別される。その場合の社会はもちろん個人の集合体ではあるが、個人の思いなしにより社会が変容するわけではなく、むしろ社会があれこれの指示を個人にするように捉えられる。これが自然とは異なる、社会の規範性である。けれども個人から超越した存在である点に着目すれば社会は「第二の自然」にも相当するのであり、つまりは規範性を備えた自然として社会のさまざまなあり方が論じられるということになる。そのように考えれば社会のあり方は歴史を超えた永遠の規範にも思えるが、当該の社会のあり方に内在的な要求により、その規範は歴史的に変動する。

納得のゆかない説明かもしれないが、いずれにせよガブリエルはこうした社会の捉え方が社会構築主義を産み出し、さまざまなサブシステムを増殖させると見る。

社会構築主義とは、所与の集団の成員の相互的な規範化により観察可能な態度を産出する行為であり、そしてそれは論証的に表象される規範に定位している。社会存在論的に厳密な術語を使用すれば、このモデルは集合的志向性の議論の枠組で分節化され、その集合的志向性は語用論的には（ここで却下されることになる）社会性と志向性に応じる。

以上のモデルにより――人種、階級、ジェンダー、制度、言語、文化、法システム、美的趣向、礼儀作法、国家、銀行、貨幣、軍備、道徳的価値等々の――何かが社会的に構築されれば、いずれの個所でも他の集団を弁護せず自分の集団に肩入れするという、サブシステムという匿名的自然に基づく定位をしていることを洞察しないまま、事態が推移していることになる。なぜなら社会構築主義における社会的規範性の唯一の典拠は、しかじかの態度にしかじかの制裁を課するという自身の集団の提案の承認に尽きるからである。社会構築主義によれば、そこから社会的事実を読み込める自然が存在する（のであり、構築されない自然を存続させる意義の領野が自然だけではないことが見過ごされている）(2020b 441-442)。

言うならば理論家の分析に都合のいいようにある種の社会的枠組が当該の社会の成員の思惑とは関係なく設定されるというのが、社会構築主義である。この議論は前章で大きな論点となった「不同意」との兼ね合いで考えなければならない。ガブリエルによれば相異なる意義の領野が自身の言説を改訂するきっかけとなるのが「不同意」という社会的事実であり、そうした社会的事実を理論家の思いつきで構築することができないという考え方だということを強調しておく。

社会の複雑性

以上のアイデンティティ政治および社会構築主義批判は、昨今見られる応用ポストモダニズム批判との関連で注目されるが(ブラックローズ・リンゼイ(山形浩生・森本正史訳)『「社会正義」はいつも正しい』早川書房、二〇二二年)、祖国ドイツで台頭しつつあるナショナリズムにガブリエルがどのように対応しているかを見てゆきたい。

先ずはガブリエルが社会をどのようにイメージしているかを見てゆこう。『進歩』のなかで次のような寸劇が舞台上で演じられていると紹介されているのが、社会のイメージである。

ありきたりの日常的状況に身を置いてみよう。これから郵送する手紙の切手を購入するため、地元の郵便局に出向いたとする。長蛇の列に並ぶと、小包のいろいろな送り方について従業員とねちっこい会話をする最中の人物を見かけたので、その会話の様子を観察してみよう。列に並んだ全員はこの会話に耳を傾け、会話が終わらないと見るや「勝手にしろ」とでも言うような態度を取っている。この状況に興味津々な態度を取るとしよう。事を急ぎ過ぎると、しゃくに触って何かをしでかそうという衝動が頭をもたげかねないからである。咳払いをしたり、いらついて他人の足を踏みつけたり、最前列に向けて列を前に進めたりすることもできる。とはいえ衝動を抑えて列に並んだ人々の事情を理解していることを証明するには、まずは平静でいることになるかもしれない。

この長蛇の列を、舞台上に置くイメージをしてみよう。個々の役者にはいろいろな心根の役柄が与えられる。見るからの老女は、話の要点を外している。恰幅のいい事業主は後ろからつねに圧迫している。チューイングガムをかんでいる少年は、マッチを購入するかもしれない。二人の子連れの母親は、急ぎの用事であることを正当化するサインを送っている。大忙しの従業員は小包の送り方を詳細に説明し、仕事を引き延ばしにしている。

以上のような役割のイメージをわれわれは敷衍して、行為が推移する情景を幾らでも想像することができる。そしてそういう行為の推移は、これまで経験してきた（両親、教師、友人、同僚、作家、恋人、科学者、ジャーナリスト、ソフトウェア・エンジニア等々といった）他者の関与を通じて編み出され、日常的に執り行ってきたことである。他人のすることは同じである。実際に推移する行為の状況においても劇の筋書き通りに事が運んでおり、またその筋書きは別の人々の行為にも当てはまる。ここで思いつくのは、われわれが同じ一幕の舞台に載せられているということである。この思いつきの名称が「社会」である。**社会**とは、しかるべき役者たちの眼から見て、つまるところ自分たちがその都度の行為を通じて実現に貢献する一幕の劇が存在することを考慮する、そうした社会的交換の全体である（2020c 238–239）。

いささか長めの引用をした理由が、ガブリエルが当事者のあいだではトラブルとして認識されている状況が、いざ舞台上で演じられれば滑稽な事態に受け取られるという考え方をしていることを示すためである。稀少資源をめぐるアイデンティティ政治という当事者にとっては深刻な対立も、舞台というフィルターをかければこのように見えることを示唆しているだろう。意義の領野同士が道徳的事実の認識を介して自身の主張を改訂するには、こうしたガブリエル的な「機知」が必要なのかもしれない。

もう少し郵便局に関する寸劇を見ていくことにしよう。言うまでもなく舞台で演じられる役柄は多様であり、それぞれの目論見もさまざまであって、一つの方向に向かうことはない。ガブリエルはこの状況を「複雑性」と名づけ、決して一義的な解決はできないし状況の展開の見通しもつけられないと力説する。

複雑性を最終的にいったん解消して一義的な関係を創出することで、社会を静止状態にするということはできない。ふたたび郵便局内の日常的状況を用いて、このことを説明しよう。居合わせているさまざまな人格はそれぞれ、自分が何であり何を望んでいるかのイメージを有しており、またそのイメージを他者のイメージに投影している。社会的状況の説明と無関係な可能性は存在しない。それゆえ他ならぬ郵便局内でいかなる一幕が演じられるかは、予見できない。

社会的絆はつねに新たに、しかも完全に別様に結びつけられるものであり、その状況は**偶然**だと称される。例えば郵便局に銀行強盗が侵入すれば、居合わせた人々の全員の予測が外れて動揺するわけだが、その程度のことはあらゆる社会で発生しており、その意味では不意打ちであるのはよくないものの、通常のことである。これとは別に、社会は自然の外側で発生するものではない。いずれにせよ郵便局内の芝居のルールが動揺するのは、誰かが心臓発作を起こすことで、これがその一例になる。ここから読み取れるのは、郵便局の訪問のなかで「通常」の推移というものはないということである。あらゆる**社会横断的行動**――分かち合った状況の下でなす他者に観察可能な一切――は、非常に大まかな仕方で予測されコントロールされる。

以上の考察で決定的なのは、社会全体の正常性が存在しないことが証明されたことである。そもそも守るべき社会的現状も変えるべき社会的現状も存在せず、誰もが見通せない社会横断的活動の織り成す複雑な事象が存在する。連邦首相も連邦議会も秘密探偵も、グーグルもエコノミストも社会学者も、フリーメーソンも新自由主義的なグローバル経済学者も、そしてローマ教皇でさえもこうした土台で社会を見通して予測することはできない（2020c 239-240）。

例えば安倍晋三が思い描いていた政治スケジュールは、二度目の東京五輪の大盛況を受けて解散総選挙を断行し、圧倒的な勝利を得て憲法改正に着手することだったが、周知のようにコロナの世界的流行のために東京五輪は実質的には無観客開催となり、首相を退いた後の参議院選挙の最中に凶弾に倒れた。当たり前なことだが、世の中の推移は見通せない。同じことはポピュリズムにも言える。ポピュリズムの思い通りに社会は動かないと、ガブリエルは考える。

ポピュリズム批判

先ずはポピュリストがイメージする「通常のドイツ」とはいかなるものかを見て行こう。

ここで挙示されるべきなのは、ドイツに行き渡っている次のような原ドイツ的社会のイメージである。とりわけ第二次世界大戦以降にキリスト教と結びつき、しばしばユダヤ教にも拡張された価値のイメージに結びついたイメージである。この場合のドイツというのは日曜日に鐘が鳴り、カツレツと塩漬けの豚足とカレー味のソーセージで食事を済ませるイメージであり、都心がハイデルベルクやミュンヘンのような外観を呈するのはビールを飲み、狩猟やカーニヴァルに参加し、獲物に狙いを定める等々のイメージを有する場合である。この種の幻想の「ハイカルチャー」的な演目はベートーヴェンを遠ざけてゲーテ、ヘルダーリン、ヴァーグナーはもとより、ニーチェ、ハイデガーおよび、最近では（残念なことにＡｆＤ寄りの幾人かの「思想家たち」により自分たちに与する者として引用される）スローターダイクさえも拠り所とするものである。時として（パラダイムとしてカント、フィヒテ、シェリング、ヘーゲルの名を用いて擁護される）ドイツ観念論が加わり、これらを通じて自分が詩人と思索家の民族の一員であることを実感する。以上のような意味でポピュリズム的な旧友は、自分は偉大なドイツの物理学者を尊崇していると私に言い放った。そこで想定されているのはハイゼンベルクやプランクであって、ウルムで出生したアインシュタインはドイツの物理学者ではないとのことだった。旧友に真意を問い質すと、アインシュタインはやはりユダヤ人であって、そのうえスイス人だとのことだった。

次の理解は、誤りではない。ここで挙げられた（ニーチェとハイデガーを含めた）人物たちはいずれも、部分的には世界史的に傑出した芸術的、科学的および哲学的業績を残したという理解である。ニーチェほど魅力的なドイツ語の書き手はほとんどおらず、ヘルダーリンは意味深長な韻文を書き、ヴァーグナーは天才的な作曲家であり、スロータ ーダイクの幾つかの著書は文体の名人芸において比類がない。ドイツ観念論の思想家たちは、哲学的業績として最良の部類に属する。頑強な国家社会主義者であるハイデガーですら、単純に片づけるわけにはいかない。アルフレート・ローゼンベルク、アードルフ・ヒトラーあるいはヨーゼフ・ゲッペルスとは違って――ハイデガーは哲学的に意味深長な著作を幾つも残し、それらはとりわけ私の眼からすれば二〇世紀の最重要な政治理論家のハンナ・アーレントや、ユルゲン・ハーバーマス、ハンス・ヨーナスおよびジャック・デリダを含めたその他多くの先進的な頭脳に影響を与えているからである（2020c 241–242）。

長めの引用が続いてしまうが、ここで表現されている「通常のドイツ」のイメージはガブリエルがポピュリストに成り代わって書いたものなのか、それともガブリエル自身が一部共有しているものなのかは定かではない。良心的な白人男性を擁護する先述の論述に鑑みれば、後者ではないかと思われる。このようにポピュリストの心情に一部理解を示しながら、ガブリエルは次のように書くことで、ポピュリストを突き放す。なおＮＳＤＡＰとは、いわゆるナチスである。

> ポピュリズムが称揚する通常のドイツは、いかなる時点にも存在しない。ついでに言えば、民族とは一線を画するエリートというものも存在しない。当然のことながら非常に裕福で世間に影響を及ぼす人々は存在し、教養が乏しく裕福でもなく影響力のない人々

を操作すべく権力を行使することで、各種メディアのコントロールをしていた。正真正銘の通常のドイツ人は存在しない――あるいは正確を期すれば、通常のドイツ人というイメージにとらわれているため十分な分節化のできていない、そういう意味での〈通常のドイツ人〉という混乱したイメージが存在する。いずれにせよこのイメージは、同質的な集団を形成することができない。ポピュリズムを実践しているAｆDの支持者ですら、一枚岩ではない。ビョルン・ヘッケとアリス・ヴァイデルの関係は、多くの人々が思っているほど強固ではない。AｆDが首相候補を立てて政府に参画すれば、関係の強固さを見せかけられるかもしれないが。同じことはCSU、左翼、緑の党、SPDその他の各党派にも当てはまる。なるほど一つの党派に刻印されている基本的な雛形は存在するが、だからといって党内の意見がまとまっているわけではない。ティーロ・ザラツィンが（まだ）SPD党員でいるのは、ゲルハルト・シュレーダーやケヴィン・キューネルトがSPD党員でいるのと同じである。ボリス・パルマーが（まだ）緑の党党員でいるのは、アナーレナ・ベアボックが緑の党党員でいるのと同じである。NSDAPも一枚岩ではなく、党内は分裂して派閥が乱立し、陰謀が相互に張りめぐらされていた。大多数が喜々とする通常の状態以外の一切を、国家社会主義的総統がまとめてきたから

> だろう。以上のような党派の実情は、社会が一般的に形成するものを反映しているにすぎない。通常性の基準としてのドイツ民族は存在しないし、そもそもドイツ民族は存在しない。同じことはいわゆる単なる民族、労働者階級およびこれに似た構築物にも当てはまる（2020c 242-243）。

こうして見ると、一部のネットの愛好者がささやいているようにガブリエルが政治音痴ではないことが知られる。以下で示されるポピュリストの思い描く「あるべき家族」のイメージへの批判は、一部宗教勢力と結託した我が国の保守政治の思惑を連想させる点で興味深い。

> 近い過去であれ遠い過去であれ、社会全体の通常の状態が実在していると表象し、その状態で各自が抑制の利いた役割を果たしていたという考え方は、誤りだと証明されている。

この考え方が、私の眼から見たポピュリズムの中心的な様相であり欠陥である。ポピュリズムは社会を理解していない。ポピュリズムは社会を客観的に存在するものと見なしており、個々の役者がどのように振る舞うのか、ポピュリズムが固定的に記述したがる役割をどれだけ絶えず変更し新たに解釈するのかといった問題には無頓着である。ここから見て取れるのは、ポピュリズムが（たいていは当惑や幻惑をさせられる）役割の類型を概略的に提示し流布することで、ポピュリズム自身の役割を解釈する作業を放免することである。

その一例が家族である。ポピュリズムの語法によれば、ある種の通常の家族（母、父、二人から四人の子ども、庭と駐車場のある一戸建て）は保護され助成されなければならない。この種の家族が社会の中核的領域や、生殖その他の単位をなしているからである。こうした議論は多くの事象を見逃している。第一には、この種の家族の多くが機能不全をきたしていることである。核家族は、それぞれの問題を抱えている。未婚者、同性愛者、高齢独身者、大家族、複合家族、孤児、難民家族その他多くの人々が共同生活をしている。

人間の生活はそれなりのリスクと様相を備えており、たまたまある家族構成を原則としてこしらえれば立ち直るというものではない。そういう発想は、人間と共同生活に関する心理学と社会学の知見をまったく無視している。社会全体の通常の状態というものは存在しない。だからといって保護と助成の目標の必要を理由に、特定の家族を政治的に特別に保護したり助成したりすべきではない。それは別問題である（2020c 243-244）。

差異政治と女性差別

この後同様のポピュリズムは、過去数回の米国大統領選挙で巻き起こったサンダース旋風に便乗した一部左翼の知識人にも認められるという分析が続くが、そろそろガブリエルの構想する政治のイメージを知りたいところである。ステレオタイプを強化するだけの消耗戦に入る左右のアイデンティティ政治にとりあえず対置されるのが、差異政治（Differnzpolitik）である。差異政治を通してガブリエルが主張するのは、男女の同一賃金を達成するだけでは女性差別が解消しないという見通しである。

差異政治によれば過去に不正にあえいでいたマイノリティを道徳的に特権化するのではなく、あらゆる道徳的要求を一つの文脈で捉えるべきだとされる。不平等な立場を解体して、世界市民的な普遍的宥和の機構を先頭に立てることを、差異政治は試みる。依然として女性との賃金格差が相当あるということは、確かにドイツにおける社会的不平等の一つの象徴である。同じ仕事をしていながら女性の平均的収入が男性よりも少ないのは、明らかにわれわれの分配システムの道徳的汚点である。だからといって、女性に男性よりもいい仕事をさせて一時間あたりに高い賃金を支払えば、問題が解決するというわけではない。〔中略〕

以上のような抽象的に聞こえる考察を具体化しよう。多くの（もちろんすべてではない）女性が一生のうちで母親になろうとしている。人類の存続を願う限り、このことを回避すべきではない。未来の病院で次世代を製造し、製造された子どもを施設内で教育しても、これはもちろん女性との賃金格差を解決する道徳的に擁護可能な戦略ではない。多くの女性が母親になろうとしている問題が残っているからである。母親的存在の心理学的および生物学的様相を適切に考慮しなければならないというのが、問題の意味である。もう少し具体的にしてみよう。（すでに母親かどうかにかかわらず）女性の求職については、少なくとも数年間の経済的援助をしなければならず、その間に女性は昇給や昇進を妨げられず、自分自身と家族にとって有意義だと尊重されるような母親の役割を果たして構わないというのが、問題の意味である。〔中略〕

同じことは親になって、労働時間を縮小するか専業主夫になるかする父親にも当てはまる。ただし父親には、部分的に別の規則が適用される。男性は妊娠しないし、また母親とは別種の（それなりに有意義な、まさしく別種の）次世代とのつながり、部分的には生物学的に、あるいは社会経済的に説明可能なつながりを有しているからである。父親への配慮は母親に対しても有利に働くことになるだろう。妊娠の生物学的側面が不利だという因縁をつけて権利を容易に変更する必要がなくなるからである。

要約しよう。わが国における母親的存在と託児の国策の欠陥に関わる事実を考慮すれば、今後の女性の賃金は男性よりも多く支払わざるを得なくなる。ただしこのことは、求職のプロセスにおいて何の役割も果たすことはない。なぜなら雇用者が新たな賃金体系を冷笑的な計算に参入させないため、求職者は完全に匿名化（それゆえ性別も度外視）しなければならないからである。〔中略〕

問題なのは同一賃金にするとか、無条件のベーシックインカムを支給するとかではない（個人的にこれらは得策だと思うが、これを論じるのは別問題である）。平等が達成されるのは同一ないし同様の仕事に対して正確に同じ賃金が支払われることによってではなく、他人の存在を考慮することを基盤として、万人を考慮する普遍的な考察をすることによってである。
差異政治の掲げる第一のもっとも切迫的な目標は、確かに人種差別、外国人差別、女性嫌悪その他の克服である。なぜならこれまで私が挙げてきた道徳的に容認できない不平等な立場は、明らかに不規則でゆゆしき思考形式の表現だからである（2020c 255-257）。

別の個所でガブリエルは稀少資源獲得の激化を避けるために、二〇二三年のブラジル大統領選で返り咲いたルイス・イナシオ・ルーラ・ダ・シルヴァ（通称ルラ）の掲げるベーシックインカムを支持している。その延長線で言えば、男女に同一賃金を支払えば女性差別は解消されると考えてもよさそうである。けれども経済的な問題だけでなく、たいていの女性が母親になることを願っていること、また母親になることとは父親になることとは違って妊娠するのがおおむね必要だということも考慮しなければ、同一賃金を支払う政策は男性の求職の機会を奪うような状況を招いて、むしろ女性差別を悪化させかねない。わが国では九〇年代後半から急速に台頭した反フェミニズムの運動、いわゆるバックラッシュはこれと似た状況から出発している。いずれにせよ複数の視点で総合的に判断しなければ、差別は解消されないというのがガブリエルの意見である。

無差別政治と歴史問題

差異政治は同一の尺度で測らずに他者との違いを認め合うという社会運動になるが、他者との違いを認めることはどうしても他者との比較を招いてしまう。そうなるとかつて存在したとされる「通常のドイツ」なるイデオロギーが息を吹き返し、既得権の死守とジェラシーがないまぜになった攻撃が発生することだろう。そこでガブリエルが次に提案するのが「無差別政治（Indifferenzpolitik）」である。今度は人種差別を念頭に入れて次のようなことが語られる。

人種差別克服の目標のイメージとしてしばしば取り上げられるのが「肌の色への無関心さ」である。肌の色への無関心さが達成されるのは、人間を集団に選別するための特別なメルクマールとして、他人の肌の色を特別視することがなくなる場合である。このことが可能なことは、耳マニアという虚構的な事例により認識される。耳マニアは耳たぶの大きさに応じて人間を選別し、耳マニアに資源の分配を有利にするアイデンティティ政治を実践するとする。耳マニアが一人もいないわれわれにとって、こうした実践は実に奇怪に思える。人種差別の領域における道徳的進歩の目標のイメージも、印象を完全に克服するという点でこれと大同小異である。人種を手がかりに測定される人間同士に道徳に関わる差異が存在するという印象は存在するものの——実際にはその人種というものが存在しないからである。存在するのは人種差別であって人種でないのは、存在するのが魔女狩りであって魔女でないのと同じである（2020c 258-259）。

「耳マニア」というユーモラスな用例から知られるのは、確かに肌の色というものは存在するものの、その色の違いを詮索するのは一部の好事家がおこなうことであって通常の人間にとってどうでもいいということである。「無差別（Indifferenz）」とは言い換えれば「無関心（Indifferenz）」である。

もちろん人種差別は歴史的に見て深刻な問題であり、かつていかなる差別が存在しそれがいかに隠蔽されてきたかが、一部の歴史学の問題になっている。ガブリエルはそうした歴史家の営みに一定の敬意を示しつつも、次のように提言する。ガブリエルなりのホロコースト観も提示されているので、長めの引用をしたい。

ドイツで当てはまる事例が、ホロコーストである。ホロコーストを忘れてはならない理由は、根源悪にうってつけの事例だからである。それゆえ抑圧され殺害された人々が人類の築いた前向きな業績に貢献したと強調することは、道徳的進歩にとって決定的である。そもそもユダヤ的な精神生活がなければ、啓蒙は存在しなかった。モーゼス・メンデルスゾーン、あるいはドイツ観念論に決定的な手助けをした天才哲学者のザロモン・マイモンといった思想家を思い浮かべれば、十分である。バルーフ・ド・スピノザについては、言わずもがなである。あらゆる時代を通じて最重要な哲学者の一人であり、その著書がなければ近代啓蒙は構想すらされなかったかもしれない。周知のようにイスラム教徒さえ（啓蒙を含んだ）ヨーロッパの高度な文化に多大な貢献をしている。その一切がゴットホールト・エフライム・レッシングの戯曲で、例えば『ユダヤ人』や『賢者ナータン』で文学的に記録されている。もっとも偉大なイスラムの思想家はイブン・ルシュドやイブン・シーナであり、その著作が伝承されていることに感謝すべきアリストテレスと同等の哲学と科学の業績を残している。この二人はアリストテレスとともに理性、論理学、倫理学の後押しをして、少なくともイスラムの哲学と科学にまつわる複雑な歴史をつなぎ止めるための独特な思想の経緯を論じている。イスラム教がとりわけ啓蒙、あるいは科学から縁遠い宗教だというイメージはまったく持ちこたえられない。「原始的」と位置付けたことを理由にヨーロッパの野蛮な植民地主義が暴力的にないがしろにしてきた、植民地化される以前のアフリカ的思考の伝統の完全な認容も重要である。

記憶の文化と歴史記述は、複雑なステレオタイプが巧みな選別により生産されることになれば確かに誤った配置になるかもしれない。すでに述べたようにプロテスタントが捏造するより前にイスラム教徒が北米に居住していたのだから、米国が意味深長にもプロテスタントのプロジェクトだという印象が流布しているのは、馬鹿馬鹿しい限りである。この印象は事実として流布している歴史の一面を一方的に粗雑に誇張したものであって、修正を施さなければならない。文化はその場でつねに変化するものだということ、純粋な原状態という誤ったフィクションは歴史的証拠とそれに呼応する記憶の文化を通じて取り下げることを明らかにするためである。

とはいえこの重要かつ正当化された要求は、肌の色への無関心さという目標を眼中からなくすることを招いてはならない。過去に（実在しない）人種に数えられたために組織的な負の差別を受けた人々は、人種差別が存続すべきではないという道徳的権利を有しているからである。過去に受けた損害を正の差別により相殺し、過去に起因する邪悪な思考と行為の習慣（とりわけネオナチの思想）を受けた目下の損害を可視化するというのが、その人々の目的である。最善の道筋は、誤った解釈の下敷きである人種差別の雛形全体を、研究と政治的転換を通じて無効化して最終的には遠ざけることである。具体的に言えば、白人の側からも黒人の側からもアイデンティティ政治は存在すべきではない。両者はいずれも誤りであって、別々のコンテクストにおいて相手を傷つける準備をしているからである（2020c 260–262）。

ここで注意したいのは、ユダヤ思想とイスラム思想がともに啓蒙思想の形成に貢献したという点で同列として扱われるべきだということである。北米にイスラム教徒が居住していたという事実は聞き慣れないかもしれないが、中世においてキリスト教徒よりもイスラム教徒の方が活発な移動をしていたのだから、イスラム教徒が先に北米大陸を発見したというのも十分にあり得ることである。このようにいろいろな歴史的事象を照合することで、差別を強化する言説を減少させること、またたとえそうした言説がまだ存在してもそれを一部の人間の慰めごとに押し込めるというのが、最終的にガブリエルが目標とする「無差別政治」である。

道徳教育と哲学

締め括りの第四部ではＳＮＳの功罪が語られているが、これについてはすでに『フィクション論』で扱われているので省略し、ガブリエルの道徳教育についての考え方を見てゆきたい。ガブリエルは一般に受け止められている「道徳は利他主義の別名である」という考え方を退ける。その背景となっているのが、第三部で提示されているヘーゲル的ともいうべき次のような考え方である。

各自はどこかで誰かに対して異質である。絶対的な故郷というものは存在しないし、自分以外の一切を凌駕しそこから絶対的な差異が導かれる同一性というものも存在しない。他であることは対称的な関係である。Ｂという人格がＡという人格とは異なっているならば、そのＡという人格はまさしくＢという人格と異なっている。われわれは余所者たちと、異質に現出するものを共有している（2020c 198）。

厳密に言えば他者を通じての自己内回帰とは言えないので、ヘーゲル的な相互承認とフッサール的な間主観性の折衷のような考え方だと言える。通常この二人の哲学者は結びつけて論じられることはないので、今後の研究課題になるだろう。またわれわれ自身と他者の同質性については、次のようなことが語られる。

最終的にわれわれは、われわれ自身と他者は互いに日常的に思った通りの人間だと思い浮かべている。ただしこの思い浮かべは、現実のごく一部にしか対応していない。われわれの幻想は他者に向けられることではじめてその効力を有するのだから、それでこのことの説明がつく。われわれの出くわす人間がわれわれとは別の幻想を抱き、人生の成功にまつわるまったく別の物語を語っているということは、なかなか思いつかない。他者と接触する地点で、われわれの道徳的思考能力があらわになる。そこで問題になるのは見るからのまったくの他者のうちに、自分たちとは別様に夢を見ることの正当性を看取するということである。道徳的に上首尾な人間的共同体の目標のイメージは、道徳的に擁護可能な幻想を産み出すことである。その幻想からは、相異なる身体を有する者同士をいがみ合わせるような民族、文化、集団に人間を分断することは導かれない

（2020c 220–221）。

注意しなければならないのはわれわれ自身と他者が同じ夢を見ることではなく、別様ではあるが夢を見ている点で両者が同じだということである。例えば自分の夢は大リーガーになることだが、経済的な理由によりプロテニスのプレーヤーの夢を断念する少年の気持ちにも同情するような状況である。

そう考えると、道徳的行為は必ずしも利他的な自己犠牲と捉えなくても構わないことになる。

すでに述べたように〈誰もが〈他者の〉他者である〉ことが、基本的な道徳的洞察である。この単純でありながらしばしば厄介者扱いされる思想を行為状況に適用すれば、道徳的事実の発見が可能になる。なぜなら一定の行為をおこなう場合に他者に降りかかる立場にあえて身を置き、そのイメージを思考のうちで身を任せるという能力がとりわけ人間に刻印されているからであり、またこの能力が倫理的な道具立てに属しているからである。この能力はさまざまな文化的文脈で浮動する有名な黄金律の定式化を導き、次のような思想を表現することになる。つまり何をなすべきで何をなすべきでないかという問いにとって本質的なのは、少なくとも戦略的で利己的な関心でさえも他の人格を傷つけないという関心を有するという思想である。以上のような規則を、われわれは「自分がされることを望まないことは、他人に対しても当てはまる」という日常的な知見として承知している。この思想に基づけば、われわれ自身が他の誰かであるかもしれないから、他の誰かに危害を加えてはならないことになる（2020c 312-313）。

要するに自分自身を大切にすることが他人を大切にすることとなり、その逆も然りということである。それゆえ道徳的行為は必ずしも英雄的である必要のないことが含意されるが、もう一つ重要なのは、人生の目標は同じ稀少資源をめぐる争いをするのではなく、自分の夢の追求をするだけでなく他者が夢を見る権利を侵害しないことだということである。その意味ではカント的な自律とヘーゲル的な相互承認が融合しているとも言える。

こうしてガブリエルは自己と他者の道徳性を考察する学問として人文学、とりわけ哲学的倫理学の重要性を主張し、高等教育において哲学が宗教とともに選択科目となっているドイツの現在の状況を次のように嘆いてみせる。

ドイツの教育体制でいまだに哲学と倫理学が宗教と並ぶ選択科目であるという考え方は、恥ずべきことである。哲学／倫理学はどうすれば宗教と対称的になるのだろうか。ドイツですでに広く行きわたっている宗教としてのキリスト教は、そもそも今日の形態からして哲学なくしてあり得ないのであり、またキリスト教が倫理学と相容れないというのであれば、それは恐るべきことである。哲学と宗教は対で一つのものである。両者の関係は、哲学の上級の部門をなす宗教哲学において規定される。哲学は宗教に自動的に批判的になることも、自動的に友好的になることもない。また倫理学は論理学、数学、生物学、物理学あるいはドイツ語の授業と同じくらい宗教的であり——つまりはどこも宗教的ではない。哲学と倫理学を宗教との選択科目として推奨することは、わが国の教育体制において人間の理性を組織的に侮蔑していることの証左である。〔中略〕

道徳的進歩の推移には、最終的にたどり着く目標がない。自動的に一つの方向に向かうということすらない。われわれがその都度予測していることをことごとく現実の複雑さが凌駕するし、誰が見ても危機的状況だと受け止められるような不安が完全に消失することもない。持続的な共生の形式を産み出すためには、社会のさまざまなサブシステムを糾合しなければならない。国家単位の思考空間と国境内に踏みとどまっていては機能しないので、むしろ文化横断的な対話により彫琢されるべき普遍的な倫理学が要請される。当然のことではあるが――アフリカ、ラテンアメリカ、アジア等々を出自とする哲学者その他の理論家の話に耳を傾けテクストをひも解き、多岐にわたる伝統を考慮しなければ、ステレオタイプによる歪曲を受けない適切な人間像を形成することはできない。ドイツにおいてイタリアやスペインの思想家が知られていないとすれば、ＥＵ内でも無数の欠陥が支配しているということになる。

われわれはグローバルに思考し、これまで仕込まれた伝統や偏見の彼方でグローバルな哲学を展開しなければならない。今世紀において問題なのが、人類の生き残りを保証し公正な世界社会を構築することだからである。われわれを巻き込む問題には、国家単位で効率的に克服できないものがある。同じことが目下と今後のパンデミックだけでなく、気候変動とデジタル革命にも当てはまる（2020c 337–339）。

二一世紀にも科学技術の開発が叫ばれるなか、あえて一八世紀的な啓蒙の意義を唱えるかたちで『進歩』の叙述は完結する。

身の丈に合った哲学

以上三冊の主著を通覧して真っ先に感じられるのは、最初の主著『諸領野』で論じられた高度に専門的な存在論的議論が、ここにいたって身の丈に合った社会哲学の議論に取って代わられたということである。けれども仔細に検討すると、ガブリエルの意図は最初からこの『進歩』における議論こそが本丸であって、先行する二書はそのための準備作業だということが知られる。『諸領野』が終始問題にしたのは意義の領野が果てしなく増殖する平坦な存在論であって、意義の領野同士がなす階層秩序を認めないということだった。このような考え方は見方によっては、形而上学というアンシャン・レジームを粉砕するものだと捉えることもできる。これに続く『フィクション論』では芸術的フィクションにおける想像力の分析を通じて、意義の領野同士が衝突することで生じる社会的事実が、自身の意義の領野の改訂を通じて折り合いをつける道筋がつけられた。この論点は『進歩』においては、ともすると稀少資源をめぐる争奪戦のなかで相手の夢の見方を想像することで道徳的に行為するという見方を引き出した。つまり一見すると実社会から縁遠い形而上学や芸術が、見事に社会哲学に接続するという離れ業をガブリエルは成し遂げたのである。

最後に「進歩」の問題に触れておきたい。再三にわたって述べているように、一切の意義の領野を包括する意義の領野のそのまた意義の領野、つまりは「世界」が存在しないというのがガブリエルの立場である。この考え方を歴史的時間に当てはめれば『進歩』で求められている道徳教育によって、本当にわれわれは最終的に道徳的に進歩するのだろうかという疑念が生じてくるだろう。この疑念についてガブリエルは特に答えてはいないが、恐らくは自己と他者の折り合いを通じて最善とまでは言わないものの、よりましな道筋をつけられると考えているのではないだろうか。

その意味でガブリエルの社会哲学は、行き渡りばったりの問題を解決する身の丈に合ったものだと言えるだろう。最後にドイツに発生している雑多な問題を羅列する叙述を示すことで、市井の人々の目線で思索していることを確認しておきたい。

現在発生しているのは、アイデンティティを求めての熾烈な社会政治的な闘争である。特にそうしたアイデンティティに数え上げられているのが出自、人種、性的嗜好並びに宗教意識である。とりわけわがドイツにおいてはハンザ人とバイエルン人、ライン人とテューリンゲン人を区別するというような、東西南北に割り振られた出身地の感情が何らかの役割を果たしている。つまびらかに見てゆけば、これらのカテゴリーの内部にさらに紛争の引き金になりそうな区分が見て取れる。デュッセルドルフ市民とケルン市民、肉食主義者と菜食主義者、オタクとエグゼクティブ、バイエルン州ミュンヘンのサポーターとドルトムントのサポーター等々である。何を重視し何を生きがいとするかは十人十色であり、それがアイデンティティの体験と絡み合っていることについてはまったく論を俟たない。個々の州、あるいは（バーデンとヴェルテンベルク、ライン北部とウェストファーレンといった）個々の地方の文化、また（グリューネヴァルトとフリードリヒスハインのような）都市内の差異ですら部分的にあまりに深遠なために、われわれの誰もがその体験されたアイデンティティに沈潜し、囲い込んだ選択肢に対する優越性を要求する気持ちに幾度となく駆られてしまう。

けれども以上のような異論の余地のない社会心理学的な現実性は、控えめに言っても倫理的に疑わしい。こうした現実性をその通りに受け止めれば、社会的錯誤と自己欺瞞であふれかえってしまうのであり、それらを迅速に見極め克服しなければならない。誰にでも帰属を求める欲求があるのは確かである。けれどもヴィルマースドルフ地区の肉食生活を陰に陽に呪詛しないまま、シェーネベルク地区の菜食を定義するというのは整合性を欠く。その生活形態が気に入っているという理由で菜食をする者は、食肉による消費の抱える現実的な問題に正面から向き合っていない（2020c 199-200）。

終章　現代思想、とりわけハーバーマスとデリダとの関係

社会的かつ政治的な傾向

以上三章にわたって、ガブリエルの主著三冊の内容を見てきた。ここでその内容は繰り返さないが、改めて確認すべきはその哲学が難解な存在論的構造とは裏腹に、きわめて現代的な社会的かつ政治的な関心に貫かれていることである。このことは政治に無関心な読者層に支えられている一連の現代思想の動向とは対照的である。この終章では一般に現代思想に分類される思潮ないし思想家との関係でガブリエル哲学を浮き彫りにしていきたい。

序章で指摘したように、ガブリエル哲学は現代思想の文脈でこれまで紹介されてきた。周知のように現代思想は主としてフランス語文化圏の研究者が営んでいるため、ガブリエルが拠って立つドイツの思想状況との兼ね合いでその哲学を検証する作業がこれまでおこ

なわれていなかったと思われる。ここでは先ずその社会的かつ政治的な傾向に鑑みて、フランス語圏の研究者が敬遠している英語圏の科学哲学、政治哲学および応用倫理学との関係を考えたい。

科学哲学、とりわけクリプキとの関係

最初に科学哲学との関係である。第一章と第二章で論じたように、ガブリエルは米国の科学哲学者であるソール・クリプキとの対決に多くの紙数を割いている。第一章では可能世界論、第二章では規則遵守のパラドックスを検証することで、SFOや社会的事実の内実を固めてきたという印象がある。結論の局面でガブリエルはクリプキに背を向けることになるが、クリプキの示す事例を通じて自身の哲学的な方向性を決めてきたと思われる。その意味でクリプキは、後述するデリダとともにガブリエルの心の師として位置づけられることになるだろう。

他にも科学哲学者たちとの対話が著書のなかで認められる。ラッセル、クワイン、パトナムなどの名前が容易に挙げられるが、そのなかでも重要なのはフレーゲになるだろう。第二章の後半で触れたようにガブリエルは語り手の主観的な意図を「意義」と呼び、これ

を同定可能な対象である「意味」から区別する議論を展開するが、ガブリエルはクリプキの主張する規則遵守のパラドックスを援用して「意義」のみを話題にする存在論を構想するようになった。他にも全称量化子と存在量化子を区別するフレーゲに対して、意義の領野のその また意義の領野としての「世界」をガブリエルは否認するのだから、ガブリエルがどこまでフレーゲの真意を理解しているかは分からないが、少なくとも科学哲学で話題になる術語を用いて議論を展開するガブリエルの態度は、現象学とドイツ観念論の研究が盛んなドイツの学会のなかでもかなり異色だと言えるだろう。

それでは、ガブリエルが誰から科学哲学の手法を学んだのかという疑問が当然生じることになるだろう。その答えはボン大学時代にガブリエルに論文の指導をしたホグレーベである。第一章で触れたようにガブリエルはドイツ観念論の哲学者であるシェリングについての博士論文を提出したが、そのシェリングの未完の大著である『世界の年代』を命題分析の手法で分析する著書を師のホグレーベが著していることに注意したい。幸いこの著書は最近邦訳され、一部のシェリング研究者のあいだで話題になっている（浅沼光樹・加藤紫苑『述語づけと発生――シェリング『諸世界時代』の形而上学』法政大学出版局、二〇二一年）。ガブリエルはまたボン大学に就職する直前に米国留学の経験をしており、『諸領野』

ではバスで移動中にクリプキの『指示と存在』(未邦訳)の読書を乗客に邪魔されたというエピソードを披露している。その意味で科学哲学は、ドイツ観念論と並んでガブリエル哲学の根幹を形成したと言えるだろう。

米国で形成されたカント主義

次は政治哲学である。第三章で披露したように、ネオナチの青年が現実のナチス時代にタイムマシーン旅行すると自ずと自身の政治的信条を撤回するという事例の紹介は、ロールズの『正義論』に由来している。不同意の共同性を重視するガブリエルの立場を考慮すれば、いずれにせよガブリエルによるロールズ評価の背景には、定言命法の重視などから垣間見られるカントへの傾倒があると見て取れる。序章で述べたように、ガブリエルの主著の『諸領野』と『フィクション論』と『進歩』はそれぞれカントの第一批判、第三批判、第二批判に相当すると言ってよく、科学哲学を介したカント主義の復興という側面を色濃くしている。

これに対して、ガブリエルの議論はカントが第三批判でおこなった芸術と自然の合目的性について触れていないのではないかという異論が出されることだろう。この異論に対してガブリエルは対談本の『善と悪』において、アーレントの共通感覚論の影響を受けたことを告白している。

スコーベル　実を言えば、私のテーゼは次のような主張です。現実が複雑だという事実認識が増大していることを問題にするというのが、私たちの時代の特徴だという主張です。このことに同意してもらえれば私たちの議論のなかで何かが、つまり思考と判断にまつわる私たちの思考における何かが変化し、変位さえします。アポリアから脱出できる道筋の一つは、次のような洞察です。絶対的な仕方で（a）正しい区別と（b）正しい判断に関わる者のいずれも存在しないこと、私たちが協議するよう差し向けられていることを、まさしく倫理学が問題にしなければならないという洞察です。私見によればこの洞察は、ハンナ・アーレントが最初にしっかりと見定めたものであり、カントにおいて共通感覚とされたものだという論点でもあります。〔中略〕私はいかなる条件下で、応答可能な仕方で決定することができるのでしょうか。興味深いことにカントは『実践理性批判』のなかで、この問いかけに対する返答をしなかったのですが――ハンナ・アーレントは返答したのです。アーレントは『判断力批判』に返答を見つけました。カントはここで私たちの感情、私たちの共通感覚、つまりは〔個人の〕感覚が同時に共同体の感覚であるような共同の感覚と、私たちの日常生活と大いに関わりのある趣味判断を、私たちの合理的な議論と科学的思考に協働させようとしたというのが、アーレントの返答です。一気によりよい思考をひた走らせるというのではなく――この時点でも正しく思考してはいますが――共通感覚を発展させたり陶冶したりするというのが、カントの抜け道です。したがってもう一つのアポリアからの抜け道は、地平と確認の交替にあります。絶対的な能力を有する者など存在しません。私たちは協働して、万人のために抜け道を探さなければなりません。

ガブリエル　実を言えば、私も似た戦略を有しています。アーレントの共通感覚の議論から強い影響を受けています。私は一時期ニューヨークのニュー・スクール・フォー・リサーチで倫理学についての陶冶を受けており、例えばリチャード・バーンスタインを含めた、ハンナ・アーレントを個人的に知っている多くの人々が、共通感覚というテーマを卓越した仕方で展開していたからです。共通感覚はニュー・スクールにおいて重要なテーマでした。それ以前に私の哲学上の師匠の一人であるリュディガー・ブプナーも、政治哲学者としては当然のことのように判断力にまつわる政治理論の路線を取って、すでに思索をしていました。実際には共通感覚は消失したわけではなく、共通感覚を頼りにすることを忘れていただけです（2020c 75–77）。

本書の第二章で示唆したブプナーが独自の『判断力批判』の読解から着想を得た「美的経験」が、ガブリエルによって社会的文脈に置き換えられた経緯が、ここで知られる。ニューヨーク在住時代の師であるバーンスタインは「根源悪」をキーワードにしてアーレントの政治哲学を講じる著書を刊行しており、邦訳も存在する（阿部ふく子・後藤正英・齋藤直樹・菅原潤・田口茂訳『根源悪の系譜――カントからアーレントまで』法政大学出版局、二〇一三年）。それゆえガブリエルのカント主義はカントの出身地であるドイツよりも、留学先の米国で形成されたと言っていいだろう。

動物権利論への批判

今度は応用倫理学である。周知のように応用倫理学の原理は義務論と帰結説をそれぞれ代表するカント主義と功利主義だが、カント主義を標榜するガブリエルは次のように功利主義を批判する。

ガブリエル　マルキ・ド・コンドルセや今日の確率論の基礎を展開したトーマス・ベイズの定理のみならず、例えばアダム・スミスにおける初期啓蒙の他の合理主義論も傾斜しがちな思想とは〈倫理学は会計学に置き換え可能である〉というものです。私見によれば、この思想はプラトンとアリストテレスを架橋する試みです。しかしそれは誤りです。人間の行動の領域が質的であって量的ではないと考えた点で、アリストテレスは正しいです。したがって例えば功利主義において頂点に達するような、倫理学を計算に置き換え可能だとする特定の類型の啓蒙主義は、袋小路にいたる問題を抱えています。これとは別に、理性的存在者という自己理解をするために合理主義を必要としているという啓蒙主義の思想があり、この思想が袋小路にいたることはありません。理性的存在者は倫理的洞察を通じて、高次の道徳性に達することが可能になるからです（2020c 30–31）。

当然のことながらカントの道徳性は人間のみに認められるので、ガブリエルは動物の権利を原則的に否認する。『進歩』において代わりに掲げられるのが、次のような配慮義務である。

> われわれ人間が洞察できるのは、動物の大量の飼育が道徳的に非難されるべきだということ、動物の殺傷を考慮すれば菜食主義的な生活様式が道徳的に命じられるということ、われわれ以外の生命体に道徳的義務を有するということ等々である。われわれによく知られている動物についてですら、複雑な道徳的境遇についての知識をいささかも持ち合わせてはいないが、だからといって道徳的認識能力に関して啓蒙された成人よりも劣る動物を粗略に扱うべきではない。むしろその反対に動物倫理、環境倫理の存在が道徳的洞察に帰属する。だからといって、われわれ以外の動物種がわれわれの保護に値すべく道徳的洞察をしなければならないというわけではない（2020b 181–182）。

それゆえシンガーの動物権利論が、次のように批判される。

> 他の多くの人々と同様にシンガーが想定しているのは宇宙、人間、生命、われわれの地球にまつわる一切をわれわれは本質的に認識しているということ、人間は数ある生命体の（複雑ではあるが）一まとまりの細胞群にすぎないということである。こうした光学の下では新生児とヘビのあいだには区別がないのだから、シンガー自身も容認するよう

に、両者のいずれかの選択が迫られる場合は、健康なヘビの福祉を優先して苦痛ばかりの短い人生を送るはずの障害児を殺しても差支えがない。ここでシンガーが誤認している理由は、高度な道徳性を有するのが人間であって他の生命体ではない理由に気を留めないまま、人間にまつわる道徳外的事実の序列を間違えて無造作にわれわれを動物の領域に選別しているからである。ここに――シンガーが異を唱える――人間的生命の神聖性が基礎づけられるのであり、人間という動物が浅薄にも生物学的に生き残りを図ることを神聖だと見なしているからではない（2020b 322-323）。

ここで動物の生存権と障害児の生存権を連動させて思考する発想が退けられる。そうなると生命倫理学の悩みの種である人工妊娠中絶は殺人なのか、殺人でなければどこまで許容されるかに関心が移るが、ガブリエルの返答は次のように慎重である。

堕胎に強く反対する側の通常の議論によれば、受精卵はすでに人命の形式を取っているのであって、いかなる人命の形式も殺傷すべきではなく、そこから次のことが導出される。つまり堕胎は殺人として位置づけられるのだから、明らかに道徳的に非難されるべきどころか、悪ですらあることが導出される。

なるほど、ある時点より堕胎が事実上殺人であることは妥当するが——母親と胎児の命が保証されない場合は、妊婦の生命を救出するという問題は度外視される。ここでは、妊娠後何週目で妊娠中絶が殺人になるかについての判断を抜き出すわけにはいかない。われわれの考察によれば、胎児がその生命を中断させてはいけないほど人間に成長している時点を確定すれば十分だというわけではない。

近代の分子生物学により、以下のことが周知されているように思われる。つまり受精卵、あるいは受精卵が着床することにより発生する有機的な細胞群が人間ではなく、潜在的な人間だということが周知されていると思われる。あらゆる細胞群がすでに人間になっているわけではない。成長中の胎児を一つの細胞のシステムにすることを妨げるのは、不道徳的だとは言えない。さもないと、肝斑を引きはがすことも不道徳的になってしまう。したがって問われるのは人間になり得る胎児、あるいはすでに人間になる道筋を進んでいる胎児に対して、同じくらい道徳的な配慮をすべき母親の関心よりも、重大な道徳的な敬意を払うかどうかである。

この問いに対する答えは、いずれにせよある時点(妊娠後一週目)における着床した受精卵はまだ人間ではないのでこの時点での堕胎は殺人ではなく、それゆえ道徳的に悪のカテゴリーに収められないというものである（2020b 158-159）。

冷静な判断力の養成の必要性

このようにガブリエルの生命倫理学に対するスタンスは常識的なものであって、学問的に特筆すべきものはない。他方で環境倫理学についても自身で議論を構築するというよりは、道徳教育に期待するところが大のように思える。グレタ・トゥーンベリが主導したことで世界的に広まったデモ「未来のための金曜日」について、ガブリエルは判断力養成の必要性を訴える。

ガブリエル　毎週金曜日にデモに行く学生の大多数が、すでに専門家レヴェルで行動をしているとは思っていません。学生たちは正しい案件のためにデモをしているのであり、私たち皆が学生たちの意識の変化に感謝したいと思います。ただし学生たちは学校その他で、気候モデルを展開する科学の精巧な工具の使い方を学びに行っているわけではありません。これははっきりと言いたいことです。未来の科学者において状況は変わるでしょう。デモは結果を証明するものです。若年世代がデモに尽力していることに私たちは大いに感謝していますが、気候変動の運動のなかには問題含みのものも存在します。

スコーベル　デモのなかには、事実を教示することで科学者と高いレヴェルで対話をおこなっている参加者たちも存在します。

ガブリエル　それはそうですが、事実を知ることは科学を本当に理解することとは別物です。

スコーベル　最新の事実です。ついさっき専門家のあいだで多くの知見が変わるということもあるのですから。

ガブリエル　毎週金曜日におこなわれるデモには、当然のことながら科学的に十分に根拠づけられ情報提供もなされていることでしょう。そのことを少しも私は疑っていません。その上で私が主張したいのは、街頭でデモに参加している人たちの大多数が科学的に陶冶されていないということです。その人たちは現況を知っているのでしょうが、科学とは別問題です。

スコーベル　そうかもしれませんが、デモをしている人たちは私たちよりも気候変動について情報を持っていると主張します――この点で私自身および、七〇年代にナチスの統治、教育、国家運営等々についての情報を持っていた友人たちは同類です。今日の若者たちに供与される情報のレヴェルは比較可能な道徳的問題、例えば動物の消費や植民地経営とのつながりについても私たちよりましです。

ガブリエル　確かに私たちが科学の進歩のなかで生活していることは言うまでもなく重要ですし、当然のことです。私も誰かが科学の力で奮闘して手に入れた事実を単純なかたちで伝達できるわけで、受け取り手も正しい情報を入手できるというのは、インターネットの進歩的な次元です。これが知識の媒介というものです。大いに評価されるべきことです。ただし忘れてはならないのは温室効果がどのように機能するのか、いかなる条件下で熱放射が危険になるのか、あるいは正しい大気化学的な状況とはいかなるものかを完璧に説明できる研究者がごくわずかだということであり、これらすべてを何年もかけて研究しなければならないということです（2020c 101-103）。

『進歩』のなかでガブリエルが娘と会話した内容をエピソードとして紹介していること、また幼児虐待を主題化していることに鑑みれば、教育問題に多大な関心を寄せていることは明らかである。その割には子どもたちの抗議活動に対する反応が冷ややかなものに感じられるかもしれないが、この問題をSNSで拡散されたステレオタイプの文脈で捉え直せば、ガブリエルの真意が明瞭になる。ガブリエルが危惧しているのは子どもたちが早い時期から政治に関心を持つことではなく、インターネットを介して拡散された一部の自然科学者の知見と、環境問題を放置した大人たちのステレオタイプ化されたイメージをもとにして示威活動をおこなうことで、世代間の断絶が深まることである。ネットから入手される情報と学会で認知された知見を比較照合する冷静な判断力を養うことが、道徳教育でおこなわれるべきだというのがガブリエルの考え方である。

もちろんこのことは、倫理学の視点から見れば世代間倫理の重視ということになる。世代間倫理の立場に立てば、次のように原発も含めた核開発の問題も射程に入ってくる。

ガブリエル　とりわけ私たちが学ばなければならないのは、誤った希望をもってはならないということです。例えば、トランプが退場さえすれば万事がましになるという希望がそうです。今やトランプは退場したのと同然ですが、それが何でしょうか。ポーランドやハンガリーは言うに及ばず、フランスとイタリアでもポピュリズムは静かに浸透しつつあります。とりわけ米国の新政権の最初の計画によると核兵器の開発が加速されるのですから、事態を楽観視することはできません。目下の影響は小さいので安心だと主張することで、気候変動に対応しようとする人がいます。けれども、それでは廃棄物はどこに行くのでしょうか。次の交差点を曲がると同じ誤りをしてしまうというのが、現状です。私たちはすでに、一回目の誤りを犯しています。私たちが身を置いているのがその状況であり、もしも放射性廃棄物を火星に持ち込むだけで構わないという考えを思いつけば、廃棄物で団子をこしらえてそれをロケットに搭乗させれば……スコーベル　それが地上に落下して、フクシマの二の舞になります。時間の長短はさておき大地と混合しなければ放射性廃棄物は地下に埋められないのですから、地層処分が解決策になっていないことは周知のことです（2020c 293-294）。

ベンヤミンおよびアドルノへの批判

英語圏の文脈との関係はこのくらいにして、いわゆる現代思想との関係を見ておこう。いわゆる「現代思想」とは二〇世紀に活躍した哲学の分野に限らない広い活動をおこなった思想家の思想の総称だが、そのうち科学哲学や政治哲学や応用倫理学の議論は各々の英語圏の哲学・倫理学の分野に任されることが多い。その意味で狭い意味での現代思想はドイツとフランスの思想、とりわけマルクス主義の刺激を受けたフランス思想の別名と見なされる傾向にある。もちろん英語圏でもマルクス主義に対する関心がないわけではないが、オーソドックスなマルクス主義に対する選択肢として、ドイツとフランスの現代思想が取り上げられるという文脈が根強く存在する。

そうした文脈で取り上げられるドイツ思想の代表格がフランクフルト学派である（批判理論と呼ばれることもある）。一般にフランクフルト学派はマルクス主義とフロイトの精神分析を結合させる視点で文化状況を分析するものとされ、その第一世代としてベンヤミンとアドルノおよびホルクハイマー、第二世代として社会学寄りではあるがハーバーマスの名が挙げられる。これらのいずれにもガブリエルが批判的だということに注意したい。

そのうちのベンヤミンとアドルノは『権力』のなかでそれぞれ次のように批判されている。

『複製技術時代における芸術作品』のようなものがあり得ると考えた時点で、ヴァルター・ベンヤミンは根本的な錯誤を犯している。作品の複製は原理的に不可能である。なるほど一九世紀以降、新たなテクノロジーが芸術作品の総譜の複製を可能にしシリアル芸術という新たな芸術形態を開拓したので、一連の複製を創出するための対象を生産するため、近代テクノロジーを利用するという考え方が導かれた。けれどもこの事態は厳密には構成についての新たな考え方を供給するのであって、ベンヤミンがノスタルジーを漂わせるエッセーで書いたのとは違って、神秘的なオーラの破壊にいたったわけではない。

写真を羅列するだけのウォホールの一連の作品は、フェルメールの『デルフト眺望』に劣らず美しい（われわれが今日のハーグで眼にする作品はこの数世紀のあいだ何度か修復を経て幾分の変容を遂げているので、フェルメールが生前に見たか産み出したかの作品と実質的に異なっているので）。近代のテクノロジーは芸術の本質にいかなる脅威も課していない（2020a 58–59）。

アドルノの思想の核心は、芸術作品が次のことを証明するところにある。つまりわれわれの現実に対する関係（人間的な知識と知覚）がそれ自体は概念的ではない何かと接触しているということを、芸術作品が証明するという思想である。芸術作品を通じて現実は、鑑賞者――というよりは、アドルノのような芸術の理論家――が追体験する出来事と芸術作品の形式を有するものとされる。

とはいえ（非常に優れた芸術作品も含めた）芸術作品の内容は、まさしく何らかの概念的形式を備える何かである。芸術作品は個別的な構成により定義される。意義の諸領野を集結するのが芸術作品である。けれどもこのことは、まさしく概念一般がおこなっていることに他ならない。概念とは意義の諸領野の構成だからである。芸術作品は過度に単独的な概念（radically singular concept）と見なせるのであり、そしてその概念に唯一の対象、概念が特化する芸術作品が帰属する。あらゆる芸術作品は、自分以外のあらゆる芸術作品からすり抜ける（2020a 63–64）。

ベンヤミン批判の要点は正真正銘の芸術作品の有するオーラを擁護することではなく、そもそもわれわれが現在見聞きする芸術作品はすでに、後世の営みによって改訂や修復が施されているため、とっくの昔にオリジナル作品のオーラが消失しているというものである。他方でこの数十年のメディアの動向に鑑みれば、若者のあいだで複製芸術作品の方が芸術作品と受け取られる節があり、ベンヤミンの芸術論はそれこそオーラを喪失していると見るべきである。

アドルノ批判は「概念的ではない何か」も一つの概念と見なされることに尽きる。「非同一的」と呼ぼうが「過度に単独的な対象」と呼ぼうがそれはそれで概念であり、アドルノが言うように事態は動いていないと見なされる。ガブリエルはむしろ、芸術の方が権力を獲得していると見なす。

美的経験の抱える問題は、われわれを芸術作品に吸収することである。芸術作品の一部になったわれわれは、芸術作品から逃れられなくなる。芸術作品のなかに自由に出入りする方法が人間にはない。

なるほどわれわれは、オペラの入場券を購入しながら上演を視聴することをキャンセルすることができる。けれどもこのことは、芸樹作品としてのオペラを出入りすることではない。程度の差こそあれ、完全に理解しなければ芸術作品の現前に立ち会うことはないことを誰もが承知している。芸術作品に入り込むためのわれわれなりの道筋を見つけられない。芸術作品が美しいかどうかですら理解していない。われわれが芸術作品に吸収されるかどうかは、芸術の権力に左右される。芸術の権力を認容するためのある種の準備は存在しない。どれだけ芸術史に習熟しても、所与の芸術作品を受け容れる準備にはならない。知的な訓練は理論的分析に貢献し、それが転じて美的経験についての情報供与をするかもしれない。けれども美的経験は、あらかじめ訓練をせずとも生じ得るものである。

あるいはむしろ、美的経験は生じるか生じないかのいずれかである。生じるとすれば、それは芸術作品内の運動である。換言すれば、美的経験を見渡すことはできない(2020a 72-73)。

つまり現代の芸術は社会を批判するポテンシャルを有するどころか、芸術の権力にわれわれが取り込まれているという状況になる。ここで想定されているのは、ＳＮＳの発信によってさまざまなイヴェントにユーザーが動員されている状況だろう。

ハーバーマスの黒歴史

それでは、フランクフルト第二世代のハーバーマスについてはどうだろうか。ガブリエルによる評価を紹介する前に確認しておきたいのは、ある対談本においてハーバーマスが大学に就職する前の事情を暴露したことである。

ガブリエル　ハーバーマスは、アドルノとホルクハイマーの敵なのです。

少し詳しくお話ししましょう。ハーバーマスは、ボン大学で博士号を取得した後、フランクフルト大学でハビリタチオン（大学教授資格）を取得したいと考えていました。しかし、ハーバーマスのボン大学での指導教員がナチ系の哲学者だったという理由で、フランクフルト学派のふたりは彼を受け入れませんでした。公式に拒否されたのです。その後、ハーバーマスはマールブルク大学でハビリタチオンを取得します。その際の指導教員はヴォルフガング・アーベントロートでした。そして、保守派のハンス・ゲオルク・ガダマーがアーベントロートを支援していました。

ガダマーはフランクフルト学派を破壊するという大きな計画をもっていたのではないかとわたしは推測しています。というのも、ハビリタチオンを取得した後、ハーバーマスはハイデルブルク大学に就職し、一九六四年にフランクフルト大学に移籍したのですが、わたしの知る限りで言えば、この移籍人事に、フランクフルトのあるヘッセン州の大臣とともに、ガダマーが介入したのです。さらにその後、ガダマーは、自分の最も保守的な弟子であったリュディガー・ブプナーを、フランクフルト大学のアドルノの後継者に押し込みます。実はブプナーは、わたしの指導教員のひとりでした。だからわたしは、この一連の経緯を知っているわけです（マルクス・ガブリエル／中島隆博『全体主義の克服』集英社新書、二〇二〇年、七八〜七九頁）。

引用文の冒頭の「ハーバーマスは、アドルノやホルクハイマーの敵なんです」という発言は現代思想研究者のあいだに大きな衝撃を与えたが、少しばかり事実確認をしておきたい。ハーバーマスがボン大学で博士号を取得したのは事実である。博士論文の題名は『絶対者と歴史』（未邦訳）で、論文指導者の一人が『美のはかなさと芸術家の冒険性』の著者として知られ、ナチスの協力者と判定されたオスカー・ベッカーである。フランクフルト大学（学派）に所属するアドルノとホルクハイマーがハーバーマスの受け容れを拒否した理由はここにある。さらに注意したい事実が二つ存在する。『絶対者と歴史』が主題化したのが後期シェリングの代表作である『世界の年代』だということ、ガダマーの弟子のブプナーがボン大学に移籍してホグレーベと他ならぬガブリエルを育てたということである。

ガダマーの野心がガブリエルの推測した通りかどうかはさておき、こうした人間関係から考えると、フランクフルト学派がベッカーの一件を理由にハーバーマスを拒否したというのは間違いないだろう。また同じ後期シェリングの研究からハーバーマスが出発したことに鑑みれば、ガブリエルがハーバーマスにライヴァル意識のようなものを抱いていることが推測される。ププナーについては、すでに見てきたように彼の編み出した「美的経験」を手掛かりにガブリエルは芸術論を展開しており、また芸術作品の解釈についての着想もガダマーから多くを得ている。つまりガブリエルは自身の議論の着想を、フランクフルト学派よりは保守的なはずのガダマーやププナーから得ていることになるので、その保守的勢力にハーバーマスが寝返ったのであれば、むしろそのことをガブリエルは評価しているのではないかという推論も成立する。そうなればガブリエル自身が保守的な論客ではないかという議論も成り立つわけだが、結論を急がずに就職の経緯とは別のハーバーマス評価を見ておこう。

是々非々なハーバーマスへの評価

結論から言えば、ガブリエルはハーバーマスの理論を哲学的には評価してはいないものの、その時代診断については一定の評価をしている。是々非々の評価だと言えよう。『フィクション論』の第一七節では、人間の普遍的規定と人権の歴史性を並列的に論じる姿勢が次のように批判されている。

ハーバーマスにとって公共性は本質的に危機の現象とされる。それは怪訝な系譜学を提示する歴史的に偶然的で移ろいやすい定式化として記述される。人間性という普遍的形式（およびコミュニケーション的理性の概念）が公共的に表明される義務とは裏腹に、所有関係については一般的なアプローチを排除する仕組みを産み出す市民的インフラ構造の表現であれば、公共性の開放的ポテンシャルを呼び出す際につねに問題になるのはイデオロギーである。

ハーバーマスはイデオロギーを「その虚偽性が社会的に必然的な意識」として規定するにとどまらず、そのイデオロギーのうちに「単に正当化するどころか真理ですらあるようなユートピア的に存続する契機」を認めることにより、前述のような弁証法から脱出する。こうして市民的公共性はその意に反して、市民的公共性自身が召喚できないしその気もない同等性のユートピアの起源になる。〔中略〕

実を言えば公共性の基盤は、実践的に必然的なものの領域への一般的なアプローチである。この領域は言うまでもなく以前より人間そのものに関わるのだから、ハーバーマスのように正真正銘の一般的なアプローチの概念を歴史的に偶然的な定式に結びつければ、肝心の概念が見失われてしまう。公共性が近代の社会的‐経済的プロセスの偶然的な副産物であれば、それを規範として承認するための容易に改訂可能な理由も存在しなくなる。民主主義的法治国家が関心を擁護する特定の集団に限らず一切の人間に向けられたものだという根拠が『啓蒙の弁証法』の虚ろな帰結であれば、国家は自身の基礎づけを失ってしまう。それゆえ『公共性の構造転換』のテーゼは普遍的なものを局在化し、普遍性の土台であるはずの公共性の要求からその正当性を奪い去ってしまう（2020b 608–610）。

端的に言えば冷静な哲学的議論の眼を曇らせるイデオロギーをバネに公共性の概念を構想する時点で、ハーバーマスの哲学としての議論は破綻しているというのがガブリエルの診断である。

他方でいわゆるネット社会における情報の収奪をハーバーマスが予見していることは評価される。

七〇年代のハーバーマスは、魅力に満ちていた。当時はとりわけ「社会的労働の領域」内の「プライバシーの減退」を診断し、それを「大企業」（現在ではコンツェルン）と結びつけたからである。「産業連邦制」と称されたのが、とりわけ米国で信用を得ていた次のようなプロセスである。コンツェルンが（住居、保育、学校、文化施設、フィットネススタジオ等々の）社会的インフラを創出することで、従業員からプライバシーを完全に奪い取るというプロセスである。このことにより、従業員は起きているあいだは基本的に働き続けることが保証される。一見するとプライバシーが保護されたかに見えた従業員の生活形態を支配しているのがインターネット・コンツェルンであり、デイヴ・エガースの『ザ・サークル』で派手に叙述されるコンツェルンの監視装置にプライバシーが根こそぎ奪い取られている（2020b 613-614）。

最終的には社会哲学に向かうという点でもガブリエルはハーバーマスと一致するが、ことと哲学的理論構築についてはハーバーマスから何も学んではいないと結論づけられるだろう。

脱構築への関心

それでは、ガブリエル哲学の成立のキーワードはどこにあったのだろうか。すでに見てきたように、一つのキーワードはクリプキを筆頭とする英語圏の科学哲学である。この点に留意しつつ、現代思想の牙城であるフランス思想を見ておこう。ここまでの議論を見れば容易に知られるように、ガブリエルのフランス思想に対する言及はそう多くはない。「象徴的資源」という概念を案出するブルデューに言及する程度で、しかもブルデューは社会学者である。他方で本書の第三章で話題にしたデリダを淵源とする社会構築主義については、厳しい批判をしている。フランス現代思想の別名とも言えるポストモダニズムについても、機会を見ては批判するという印象がある。

そうであれば社会構築主義の創始者あるいは、ポストモダニズムの最有力者とされるデリダをガブリエルは拒絶するのだろうか。実を言えばガブリエルは修業時代に独立したデリダ論を発表しており（浅沼光樹『ポスト・ヒューマニティーズへの百年――絶滅の場所』青土社、二〇二二年）自身の立場を確立した『善と悪』においても次のように発言している。

ガブリエル　私たちは――ジャック・デリダによれば――脱構築のなかにいることにな

ります。デリダが言うにはずらしはつねに進んでおり、その概念には差延（différance）が刻印されています。差延（あえて》a《と表記されています）とは必ずしも差異（différence）ではなく延期する（différ）、ずらしに由来します。デリダはジェンダーも例示しますが、私たちはさらなるずらしを続けなければなりません。私たちの性別には最終的な規定はないのです。先ずは女性という概念をさらに解消しなければなりません。その次に来るのが男性という概念で、それで私たちは解消されます。そこで登場するのが多様性の概念になりますが、私たちはこれらすべてを完全にずらし続け複数化します。私たちの語り方はいっそう複数性を増し、いろいろな声が増えてきます。現在の道徳とは何でしょうか。それはかつて脱構築であり、それゆえ私たちは脱構築からの出発を必要としていました。けれども、脱構築では倫理的決定を持続的にずらすことはできません。そこにデリダの問題があり、またアドルノの問題もあるのです。理論的措置は正しい方向を指し示しますが、それが判断にいたることはありません。脱構築には道徳的実在論が欠けているのです（2020c 125–126）。

ここでは性別に話題が限定されるが、脱構築という戦略に特に問題がない旨が語られている。むしろ問題なのは「脱構築には道徳的実在論が欠けている」ことであり、デリダもまたこのことを意識して「正義は脱構築できない」と表明している。ここまで関心が近ければ、ガブリエルのもう一人の心の師はデリダではないかという推測が頭をよぎるが、それでもデリダとクリプキを照合した論者が過去にいたのだろうかという疑念も生じてくる。そこで浮上してくるのが、かつてデリダ研究者としてわが国の論壇に颯爽と登場した、若き日の東浩紀である。

東浩紀の先駆性

ある年代までの読者にとって東浩紀の『存在論的、郵便的——ジャック・デリダについて』（新潮社、一九九八年）を引っ提げてのデビューは、鮮烈極まりないものだった。他方でこの著書はあまりに難解なために、ほとんど読了した者はいないとまで言われた。それゆえ東の思想を知るには、手短にまとめた論文を参照するのが理解の早道である。注目したいのは柄谷行人を論じるエッセーのなかで、次のようにデリダとクリプキが論じられていることである。

システムをシステムとして自壊させ「ネガティヴにのみ示される」《外部》を追求する態度から、一回一回のシニフィアンの交換過程（コミュニケーション）に《外部》の侵入を見る態度へ――柄谷の態度変更は、このように定式化することができる。『探究』での他者論はここから始まるだろう。ところでこの動きは、デリダの「散種 dissémination」という概念に並行している。後期のデリダは、自分の書くテクストも、また読解するテクストも、初めがあり終わりがあるひとつの作品として見ることができない。テクストは語の集合へと分散され、一つ一つの語が諸言語ゲームの闘争の場に変貌するからである。彼はこの現象を「散種」と名付けるが、これは、柄谷がウィトゲンシュタイン／クリプキに見出した「懐疑論者」の世界に対応していると考えられる。つまり、柄谷が描き出したコミュニケーションの中に潜む《外部》を、個々のテクストから引きだそうとする批評行為こそが、まさにデリダの奇妙なテクスト実践だったわけだ（「ジャック・デリダと柄谷行人」『国文学解釈と鑑賞別冊　柄谷行人』一九九五年、七七頁）。

この文章自体も難解だが、とりあえずは柄谷を通じてクリプキとデリダが結びつけられていること、また「諸言語ゲームの闘争の場」という意義の領野の存在論を連想させるような表現が用いられていることに注意したい。

少しだけ東の議論に寄り添っておこう。東はデリダと柄谷の並行性が二つ存在するとしている。そのうちの一つが「ある発話を文字どおりに受けとるのか、それとも、その発話を通して他のことを意味していると受け取るのか」を決定するのは「原理的に不可能」だとすることが、柄谷とデリダで並行的だということである。この問いかけがまさしくデリダの言うところの脱構築であり、また果てしなく意義の領野が増殖するという、言うならば横への超越に向かうガブリエルの言うところのＳＦＯである。もう一つは「全てのテクスト」を「同等に脱構築可能」にするまで追い込むことの並行性であり、この並行性を説明するためにクリプキが援用されている。後者の並行性は先述の『善と悪』におけるガブリエルの発言と重なるものであり、東の議論がガブリエル的な問題設定をかなりの程度まで先取りしているのが見て取れる。

もっともこのように柄谷とデリダを結びつける解釈は柄谷当人により否認され、失意の東は目下よく知られているように、オタク文化に理解のある言論人に転身することになる。初期の東の言論が論評されることのない論壇の状況が、わが国におけるガブリエル受容を遅らせている遠因なのかもしれない。

カミュへの傾倒

このように現代思想との関係を見てゆくと、なるほどデリダのような典型的なポストモダン系の哲学者の影響を受けてはいるものの、マルクス・ガブリエルの哲学はいわゆる「現代思想」の枠に収まらないものだということが知られるだろう。その「ポスト現代思想」なるものの内実がいかなるものかを、最後に探ってみよう。

先ずは「現代思想」の相対化の必要性である。歴史家の成田龍一は久野収と鶴見俊輔を中心とする「戦後日本の思想」の構築が失速した一九八〇年代に「現代思想」が脚光を浴び始めたと指摘する（「「戦後知」の超克――序・2」『現代思想』一〇月号、二〇二〇年）。そうだとすれば戦争の記憶がなくなった、あるいは「もはや戦後ではない」という意識が「現代思想」を育んだと推測できる。言うならば過酷な現実を直視しない姿勢が「現代思想」の特徴となる。

これに対してガブリエルは、戦後マルクス主義とともに大いに話題になった実存主義を評価する。『善と悪』では、カミュが次のように評価される。

スコーベル　問題なのは、ある状況下で何が善であるかを直ちに把握できないことです。

文字通り傍観するのではなく、早い時期にシリアに介入するのがよかったのでしょうか。あるいは逆に、アフガニスタンには介入すべきではなかったのでしょうか。私たちは——何もせずに——熟考するにあたり言い尽くせないほどの時間を費やしますが、そのあいだに殺傷と飢餓による死者が増えていきます。検証作業を、自動的に正義を導く直接的な道徳的知覚に置き換えることはできません。さらにまさしく同じことが、コロナ禍についての議論にも当てはまります。それゆえもしも人間が善であると言うのであれば、私たちは多くを語ってはいなかったでしょう。なぜなら最初の一歩は、次のように言うことだからです。「この困難な事例を受けて、今すぐに善とは何かを証明してくれ——それから実際によい行動をするためどのように態度を変えるべきかを言ってくれ」と。もちろん貴方が言うように、一日中観察をしているうちに多くのことが推移するでしょう。人間は四六時中殺し合いをしてはいません。けれどもすでに、道徳的な意味での善は明らかではないでしょうか。

ガブリエル　今や個々の事例次第だというのは、明らかです。けれども根源善についてては、私が好んで用いる単純な事例があります。もしも川で溺れている子どもを見かけたら、可能な限り他のすべての関心よりも先に、子どもを助けるという事例です。これとは別の行動をする事例については、尋常ならざる説明をする必要があります。自分自身を傷つけない限り、つまりはライン川の荒波に飛び込むようなリスクを引き受けない限り、この事例のもつ意味はまったく明らかです。泳ぎに心得のある人たちであればたいてい、ライン川に飛び込んで子どもの命と引き換えにするとさえ言えます。

スコーベル　それゆえに、またしても救世主が自滅することになりはしますが。私見によれば、この事例について真剣な哲学的議論をおこない、悪に根源的な本来的な形式は無関心だと主張した唯一の人物は――アルベール・カミュです。その小説『転落』は『ペスト』よりもずっと、私たちの時代を扱った著作だとさえ思います。

ガブリエル　それは重要です。カミュを再読しなければなりませんね。

スコーベル　『転落』が問題にするのはまさしく、橋から川に飛び込んで誰かを助けられるかということです。主人公であるクラマンスは、自分が飛び込まなかった言い訳を心の中でつぶやくことで一日を過ごしていますが、そのことが正当化できるかどうかに自信がもてません。クラマンスにおいて示されるのは、全般的に浅ましい無関心(Gleichglütigkeit)です。そもそもクラマンスにとって自分が飛び込むべきかどうか、人がおぼれているかどうかはどうでもいいのです。一切が同等に妥当(gleich-glütig)しま

> す。現在ではこれはまさしく、私たちがギリシアからの難民にどのように対応するかの態度、あるいは地中海の移民や、イエメンで毎日繰り広げられる内戦で飢餓に陥った人たちに起きたことに対する態度になります。残念なことにカミュの言うところの無関心はフィクションではなく、本来的には道徳への挑発です。まさしくこのことをカミュは証明したかったのです。最近の私たちは次第に、飛び込んで誰かを助けようとしない無関心な人間に近づいています。あけすけに言えば、次のことが問題です。今私が飛び込めば、子どもを助けられますが、ボートの近くで、それもEUというボートの近くで難民が溺れていれば、その難民が凍えるまで放置すべきなのでしょうか（2020c 219–221）。

根源善と根源悪の説明が明快におこなわれているのが印象的である。同時に注意したいのは、スコーベルが先導するかたちになるが、『嘔吐』や『ペスト』に較べればあまり知られていない『転落』（『転落・追放と王国』大久保敏彦・窪田啓作訳、二〇〇三年、新潮文庫）を引き合いにした後で、両者のあいだでアフガン戦争やシリア内戦の問題が論じられていることである。芸術的フィクションかどうかに左右されずに、いわゆる現実とフィクションを同じレヴェルで捉えようとするガブリエルならではの視点が感じられる。『新実存主義』（廣瀬覚訳、二〇二〇年、岩波新書）という共著本がすでに和訳されているが、こうしたカミュへの傾倒がガブリエルの道徳観を支えていることを強調したい。

マルクス（主義）との関係

実存主義からの連想になるが、遠い海外の悪行を許さないガブリエルの良心はあたかもサルトルのように、ある種のマルクス主義的な分析に結びつく。

ガブリエル　もちろん、私たちがそれぞれの日常を送っているあいだに世界中で、例えばシリア内戦で、難民が溺れている地中海で何が起きているかを、私たちは忘れるわけにはいきません。

ですが、あくまでも私たちドイツ人の日常から話を始めるべきです。現在自動車を購入して運転している人たちがいますが、その人たちについてはかなり高い確率で、中国の労働宿舎内での生産に関与していると言えます。悪のシステムにより消費財が生産されていることを直視しこの状況を考慮する者は、共犯を引き受けることになります。したがって政治的責任とジャーナリズムの課題は、この状況を説明し私たちの幸福な生活を取り巻く不都合、部分的にはおぞましい道徳的な不都合を、考えられる限りでの犠牲を払って克服することです。それゆえ部分的には道徳的正義をなすために、つまりは人々を救うためにパンデミック克服の投資をおこなうように、道徳的価値の創造の連鎖の投資をおこなわなければならないのであり、さもないと私たちは無意味な商品の購買者として、不道徳なモンスターの体内から抜け出さなくなってしまいます。

スコーベル　このことに関連して、私たちの社会と生産工程の複雑性に鑑みれば、生産の連鎖に人身売買、人種差別、子どもの労働等々が実際に入り込んでいる状況をつまびらかにするのが困難だという問題があります。複雑性は隠蔽されるか、迅速に隠蔽を図るための逃げ口上として利用されます。政治もこれと似た議論をしているように思えます。現実には経済と経財相管轄の計画は何度も悲鳴を上げています。「私たちの部署では複雑すぎる企てです。食肉処理場における生産の連鎖ないしパート労働の契約、人権侵害がされているバングラデシュの関係者が末端となる衣類製造における労働条件の一切を、ドイツの法廷にどのようにして持ち込むのですか。無理な要求です……」。

ガブリエル　確かにそのことについては、ついさっきはっきりと論駁しました。生産の連鎖が追跡可能であるのは明らかです。例えば、この企てに関わる人たちだけを問い質さなければなりません。まさしく連鎖の末端にいる誰かが何が起きているのかを知っているのであり、その誰かが主要な責任者になります。
スコーベル　子会社の子会社の、そのまた子会社があるということを禁じなければなりません。そういう子会社は、実際に何が行われ誰に責任があるかを隠蔽しますので。
ガブリエル　何も隠蔽されませんし、むしろ記録されないでいる状況にとどまるでしょう。末端まで連鎖の連なるコンツェルンの頂点に位置する者は、こうした事情を知っています。消費者はソーセージのような長大な生産の連鎖を見渡すことができません。そのような連鎖のなかに部分的には受け容れがたい労働条件のように、人間扱いをしない残虐な所業も含まれているというのに。これらについて、私たちは議論しなければなりません。ついでに言えば、これは真正な左翼のテーマであって、部分的にはアイデンティティ政治の馬鹿げた小競り合いとは別物です（2020c 223-225）。

SNSを分析する際にユーザーが管理人の収益を上げる構造が見えにくいという論点が、ここでは国際的な分業体制に即して論じられる。まさしくマルクスが経済分析をする際に取られた手法が用いられている。前章で「デジタル上のプロレタリアート」という表現を指摘したことからも知られるように、ガブリエルはマルクスにかなり好意的である。もちろんこのことは、マルクス主義に対する評価には直結しない。いわゆるマルクス・レーニン主義の理念に基づいて建国された中国および旧ソ連体制が残存するロシアにガブリエルは批判的であり、しばしばマルクス主義者を自称する「文化左翼」とも相容れない。そのなかで注目したいのは、旧東ドイツとの関係である。ガブリエルは一部の領域で旧東ドイツが旧西ドイツよりも進んでいると考えている。

ガブリエル　東ドイツ出身者の重役の人数が十分ではないことが不公平だと私が判断する理由は、正義の感情とは別に基礎づけられなければなりません。偏見という決まり文句を取り上げることにしましょう。私は西ドイツ人であり、ボンで成長しました。つまり私の少年時代は、西ドイツ側のプロパガンダにしっかりと刻印されたのです。当時は冷戦下にあり、東西の双方が我こそが正しいプロパガンダと言い争っていました。――西側では東側のステレオタイプが熱心に生産されていました。「遅れた」ドイツ民主共和国を見るからに冴えないイメージにするためです。当然のことですが、幾つかの観点で東ドイツが先進的でした。例えば男女同権、子どもの保護、および「第三世界」との連帯がそうです。少年時代から今日にいたるまで、東ドイツは問題含みのイメージに見せる刷り込みが暗黙裡に働いていています。

スコーベル　そのために、特定のテーマに対して貴方の眼は曇るんですね。

ガブリエル　その通りで、この傾向を補うために道徳的に進歩的な考え方をしようと思うのです。即座に気づいたのは、東側が西側より上手くいかなくても構わないということです。上手くいかないと言うことは正しいのでしょうが、それを言うためには基礎づけが必要になります。さもないと、ステレオタイプ的なアイデンティティ政治の路線にふたたび落ち込んでしまいます。東西のステレオタイプとその馬鹿馬鹿しさを克服することに再三にわたって従事しなければならない理由は、両者の完全な同等性を達成しようと思うからです。

そもそも東西ドイツのテーマ全体が、まだ適切に社会的に論じられていないのです。私たちの背後で二つの国家、一方が世俗的で広大な専制体制、他方がキリスト教の刻印を強く受けた民主的な部分国家という非常に相異なる二つのシステムが融合したのですから（2020c 98-100）。

こうした発言からうかがい知れるのは、いわゆるドイツ統一は「ドイツ連邦共和国」が「ドイツ民主共和国」を併合するかたちで達成されるべきではなく、ステレオタイプ的な評価を回避する仕方で双方の体制のよさを擦り合わせるような手続きが取られるべきだったとガブリエルが考えていることである。また少年時代に旧西ドイツによるプロパガンダ政策に乗せられたことを率直に認める態度からは、ガブリエルの議論が上から目線でおこなわれているものではないことを暗示させる。

こうして見るとマルクス・ガブリエルの哲学は「もはや戦後ではない」ことを前提にして展開された、主として政治的に無関心な論者による「現代思想」よりも、戦争の傷跡が生々しく残っていた「戦後思想」の中核を担っていた実存主義の傾向を帯びていることが分かる。それどころかガブリエルは次のように現在が戦争の危機に見舞われていると訴える。

> われわれはナショナリズムおよび何億人も飢餓に陥れる経済危機の台頭を通じて、道徳的進歩との新たな戦争の危険に直面している。直ちに命じられるべきなのは人類が自身の道徳的能力を省察し、国家主義的利己主義を超えた地球規模の協力を通じて、世界史

的な破局に絶えず促進する運動を阻止することである（2020b 22）。

本書の副題を「ポスト現代思想の射程」としたのは、ある意味で「戦後思想」の先祖がえりをするガブリエルが、いわゆるポストモダンを戦間期の思想に追い込み九〇年代の柄谷の標榜した「戦前の思想」に限りなく接近していることを示したいからである。厳密に言えばガブリエルは社会を変えるのは「思想」ではなく「哲学」だと言い放っているので「ポスト現代思想」の下にもう一つ「思想」を付け加えずに哲学の復興を目指していると言うべきである。

禅とアナーキズム

とはいえ浅田彰の『構造と力』から千葉雅也の『現代思想入門』にいたるまでのこの四〇年ものあいだ、ポストモダンに対抗する思想を見出す気がないまでに、わが国の人々はポストモダン的な発想になじみ親しんでいる。この国にガブリエルの提唱する哲学の復興に同調する素地があるのだろうか。これが最後に残された問題である。

一つ救いになるのは、ガブリエル自身が日本に強い興味を有していることである。幾つかの新書で哲学に素人なインタビュアーに丁寧に答えているのが、その何よりの証左である。著書のなかで日本に触れているのは料理の美しさ、イヴェントに参加する際の人々の礼儀正しさである。他方で大阪大学の石黒浩研究室で発明されたイヌ型ロボットには違和感を表明し、京都学派に戦争責任があることも述べている。

こうして見ると日本への興味は海外で共有される日本のイメージのレヴェルに推移しているようにも思えるが、禅仏教に自身の哲学に近しいものを認めていることにも注意すべきである。

スコーベル　空無な中間に身を置くことは、できるだけ多くのことに身をさらすことの定式化以上のものだということが、一つ目の論点です。あらゆるさまざまな様相のなかで現実性が同時に存在することが本来的な場所なのであり、その場所に身を置くことでしかるべき判断にいたるというわけです。この「一切の同時性」が現実性の複雑性を表わすもう一つの概念です。アジア的知恵の伝統から出発すれば、例えばチベットの寺院で極度に思弁的におこなわれる認知的‐論証的な修練も、中世の修道院におけるある種の「ディベート」たる議論（disputatio）と似通っているというのが、二つ目の論点です。

他方で同じ基準により知恵の修練とされているのが、非論証的な修練です。例えば曹洞宗で展開されるような、いわゆる座禅による瞑想の修練は、次のような境地を導きます。一輪の花は美的対象としてだけでなく――非常に感覚的な定式化になりますが――単なるこの花としても理解されるという境地です。つまりはこの花を何がしかに判定する際に用いられるはずのカテゴリーを一切排除することで、現実性をそのまま認めるという境地です。その境地は次のように表現されます。「それは赤く、緑色をしていて、美しく、いい香りがするが――それら一切を放下しよう」。この境地は、私たち西洋の啓蒙主義の古典的信奉者に衝撃を与えます。なぜなら通常の啓蒙主義の主張によれば、悟性の使用を介さなければ判断にいたることはないからです。つまり善の理念を提示する理性だけでなく、善の理念を勘案する悟性も介さなければならないのですが――このような事態は、現在まで想定していなかったことです。したがって知恵に帰属するのは、第一には複雑性の知覚です。これがなければ持続性さえも捉えられなくなります。第二に帰属するのは、非論証的なものの修練です――それはインド哲学にすでに見られますが、中国の禅仏教で言うところの空、つまりは「空無さの経験」と呼ばれるものです。空無な中間の実践には概念の放下も含まれるという着想にいたると思いますが、貴方の考えはいかがですか。
ガブリエル　私見によれば、貴方が表現した概念からの放下それ自体も、概念把握できます。思考においては、意味をなさない道筋が通り過ぎるということです（2020c 258-259）。

若干背景的な説明をしておこう。本書の第三章の冒頭で示したように『進歩』は「われわれは何をすべきか」、「何をしてもいいのか」、「何をしてはいけないか」という三つの問題圏を掲げていた。本書では触れなかったが『進歩』は、これら三つの問題圏をそれぞれ善と中立と悪の三つの領域に振り分けている。これらのうちで道徳的に許容される中立の立場が十分に論じられなかったので、『善と悪』ではそれを「中間（Mitte）」と言い換えて、何にもとらわれない自由な領域として位置づけることを模索している。
そうした「中間」に相応しい態度を対話の相手であるスコーベルは禅に見出し、とりわけ曹洞宗の座禅に代表される「非論証的なものの修練」の意義を説いている。これに対してガブリエルはアドルノに対する批判と同様、そうした修練も「概念把握」が可能だと応じ、また西洋における「中間」の実践としてソクラテスの対話を挙げている。

ガブリエル　対話の課題は複雑性を高めることですが、そのためにはただ一つの議論の流れを追求するのではなく、中断と迂回を可能にしておかなければなりません。中断と迂回によって私たちを分断するのではなく結合する空間が整備されるからです。だからこそプラトンにとって対話が重要だったのです。プラトンは対話の名人として善のイデアを導きましたが、それは対話を通じてでなければ善のイデアを見出せないと考えていたからです。

スコーベル　それゆえにプラトンが登場させるソクラテスは多くの人たちのいる市場、広場、そして……。

ガブリエル　中間に……。

スコーベル　……只中の空間（Zwischenräume）に出向くわけですね。

ガブリエル　ソクラテスはつねに只中の空間にいます。ソクラテスは話を攪乱します。兵士に志願したい人もいますし、訴訟を起こしたい人もいますし、あるいは急いで帰宅したい人も、そういう人たちをさえぎるソクラテスに会いたい人もいます。そうした意義の領野のあいだにソクラテスが見出されます。ソクラテス自身は無意義（Nichtsinn）であり、意義をなすことをしません。綻びずに拡張するかに見える社会秩序のなかに、亀裂を見つけるからです。

スコーベル　だから、多くの人たちがソクラテスを憎んだわけですね。答えられない問いを立てることで人々を煩わせていたからです。それでいてソクラテス自身は、答えるよう勧めたり自分の答えを提示したりすることを通常は拒みました。

ガブリエル　それが実態です。そうすることでソクラテスは哲学全体の輪郭を描きました。哲学はソクラテス的であり、かつソクラテス的であり続けます。またソクラテスの姿は、早くもいわゆるアジア的な伝統において知者として知られる人物に似ています。確かにソクラテスは知者です。ソクラテスを万人のなかの最高の知者として特徴づけるデルフォイの神託に同意します（2020c 278-280）。

こうして東洋的な知恵と折り合いをつけたうえで「中間」を「無-始原（An-Archie）」と言い換え、それが民主主義の根本理念だと言い切る。

政治は公共性においては一つの声に過ぎません。これはソクラテスのおこなった核心的洞察の一つに他ならず、ラディカル・デモクラシーを標榜する者には理解できます。ラディカル・デモクラシーを標榜する者は中間の理念を前面に押し出すでしょう。それが無‐始原です。民主主義は無‐始原なのです。私たちは民主主義のうちに、組織の頂点を複数化する構造を持ち込んでいます。党派の多様性、連邦首相、連邦大統領、連邦議会等々という具合にです。しかもそれぞれの責任者は主権者、いわゆる集合体、つまりは万人に従属します。民主的な法治国家では万人が万人に従属するのであり、特定の誰かに従属する人はいません。私たちはアンゲラ・メルケルの臣下ではありません。私たちはメルケルの配下ではなくて、メルケルが一定の権限を有しており、またその権限をきちんと承知しています。権限はメルケルの行動する空間を定義しており、熟練の政治家として適切な指示を与えることができます。ただしメルケルの行動の枠組を制約するのは、主権者です。主権者の役割は主権者自身に次のことを思い起こさせることで成立します。つまりはどこにも臣下はいないこと、いるのは場合によっては自発的に服従する人間だということです（2020c 282-283）。

ここで言われる「無‐始原」はいわゆる「無政府（Anarchie）」の語源を表わす表記である。つまりガブリエルはいわゆるアナーキズムは「無政府」を放任する社会状況としてではなく、あらゆる始原を退ける万人の携わる社会体制として考えている。他方で意義の領野同士の移動も「中間」を経由するものとされるのだから、マルクス・ガブリエルはアナーキズムの哲学的基礎づけを目指す哲学者と言えるだろう。

またスコーベルに歩み寄るかたちにはなるが、禅とアナーキズムという視点はガブリエル哲学と日本思想の関係を見極めるポイントになるかもしれない。あまり知られてはいないが、ダダイストの詩人である高橋新吉（一九〇一～一九八七）はこれら二つの視点を提示する活動をしていた。ガブリエルを無理に京都学派と関係づける必要はないかもしれない。

人類系の哲学者

こうして見ると『フィクション論』で示された「最後のユニコーンがSFOを発見しニューヨークにやってきて、チャーマーズとガブリエルの対話を妨害する」といういささかふざけた命題を例示するのとは別の、ロマンティックなイメージがガブリエルに帰せられることになる。「別様に夢を見ることの正当性」を主張するところからも、このことがうかがわれる。見ようによってはポストモダンの残滓にもあたるこの傾向を、どのように評価すればいいのだろうか。

先述のように東浩紀は結果としてガブリエル哲学の台頭を予測したわけだが、九〇年代末の講演で次のような興味深い指摘をしている。

ラカン派精神分析では、人間は、象徴界に登録されること——専門用語では「去勢」と呼ぶのですが——ではじめて「主体」となると考えます。そしてその場合の「象徴界」とは、言語的コミュニケーションを成立させる場のことであり、具体的には社会的制度や国家のことです。それゆえ象徴界の力が衰えているということは、言語＝シンボルによるコミュニケーションが弱体化しているということ、そして、そのコミュニケーションをかつて保証していた「社会」というまとまりが解体してきていることを意味します。実際よく言われることですが、いまの若い人たちの会話は、言葉に重きを置かなくなっていますね。あれ、いいよね、これ、いいよね、それ、だめだねって符牒だけで会話しあっている。もしくはイメージですね。パッと写真を見せる、ものを指す、それでなんとなくわかった気になって、それで終わりなんです。でもぼくはこれは、彼らに考える力がなくなったということじゃないと思うんですね。この変化はおそらく、もっと深い社会的変化を映している。社会がポストモダン化した結果、いまの人々は、世界を近いところと遠いところに分岐したものとして感じている。つまり家族と宇宙の話にしか現実性がなく、そのあいだのレヴェル、例えば「日本」とか「国家」といった存在への感覚がごっそりと抜けてしまっているのです（『郵便的不安たちβ』河出文庫、二〇一一年、六一～六二頁）。

「あれ、いいよね、これ、いいよね」の件はSNSの出現を予告しているようで面白いが、ここで東が示唆する若者のメンタリティを表わす用語として今日連想されるのは、いわゆる「セカイ系」小説である。人類が滅亡に瀕している危機的状況と、小説の主役が愛の告白をする直前の高揚感を並列に扱う小説群は、まさしく若者にとって「遠いところ」と「近いところ」しかないことを前提にしている。ガブリエル哲学は個と普遍を媒介するものをステレオタイプとして批判するが、そうした媒介的カテゴリーを排する思想の行先は、皮肉なことにガブリエルその人がその存在を否認する語の入った「セカイ系」に限りなく近づくのではないか。どうしても「世界」を連想させる語を使わないのであれば「人類系」とでも言えるのではないか。このポストモダン的な人類系の想像力と、戦後思想に逆戻りした観のあるアナーキズムをいかに接合するかで、今後のガブリエル哲学の首尾が決まるのではないか。

あとがき

旧著『実在論的転回と人新世』のあとがきにも書いたように、筆者がガブリエルの講演を最初に聴いたのは二〇一三年一二月の初来日のときである。二回おこなわれた講演のどちらかはよく覚えていないが、事前に配布した講演原稿の朗読を突如中断し「この箇所は分かりにくいので質問を受け付けたい」とガブリエルが言ったことが鮮烈な記憶として残っている。例によって数人の聴衆が周囲の様子をみながらおもむろに挙手して短時間の質疑応答がおこなわれたが、この小さな出来事が今もなおガブリエルの哲学の理解が（恐らくは世界的に）深まっていないことの象徴のように思える。

八〇年代の後半までは、例えば三島憲一とか矢代梓とかのような碩学が、自身の思想的立場とは異なるものの、看過できない海外の文献を紹介して簡明なコメントを付するということが細々とおこなわれてきたが、SNS等を見る限りでは中堅以下の研究者たちは自著の宣伝をすることにだけ精力を注いており、待てど暮らせどガブリエルの思想動向を紹介する動きが見えてこない。邦訳の刊行のペースも序章でも触れたようにきわめて緩慢で、そうこうしているうちにガブリエル自身の思索はかなり先にまで進んでしまった。業を煮やして語学力の乏しい筆者が長めの引用をしながら、ガブリエル哲学の進捗状況を伝える単行本を計画した次第である。

序章で述べた基準に厳密に照らし合わせれば、筆者はガブリエルの紹介者に相応しくないが、学生時代に科学哲学と現象学の研究が盛んだった東北大学哲学科の先輩および友人たちとの交流から得られた知見と、シェリングに関する若干の知識を交えながら執筆した。本文中でも触れたが、ガブリエルの哲学形成に大きく寄与したブプナーとバーンスタインの主著の翻訳に筆者がこれまで携わったことも、何かの縁かもしれない。

本論を読めば直ちに知られるように、マルクス・ガブリエルはポストモダンの哲学者ではない。ポストモダンが花盛りの時代に青年期を過ごしていたことは事実だが、その思考の方向はポストモダン以前の実存主義、あるいはそれよりも前に流行したドイツ観念論に向かっている。さらには共著本で関わったプリーストとスコーベルにも共通するが、東洋思想に対する興味も認められる。これらの要因を掛け合わせれば京都学派を連想させるものがガブリエル哲学にあると推論することもできる。要するにこの半世紀近く続いたポストモダンの流行にどこか物足りない思いをしていた読者に、ガブリエルは魅力的な議論を提供していると思える。いったんポストモダン的な言説の文脈を括弧に入れて、虚心坦懐にガブリエルの原文に向き合うことを推奨したい。

このたびは中村徳仁氏（京都大学）が人文書院編集部の松岡隆浩氏を紹介してくださったことで、本書は無事刊行にいたった。ドイツ留学直前の慌ただしい時期に人文書院との仲介をしてくださった中村氏と、昨今の出版社の不況のなか出版を快諾してくださった松岡氏に、この場を借りて厚く御礼を申し上げたい。

新しい戦前が始まるかもしれない二〇二三年の初夏

菅原　潤

マ　行

ヤ　行

ラ　行

人名索引

ア 行

カ 行

サ 行

タ 行

ナ 行

ハ 行

著者略歴

菅原潤（すがわら　じゅん）

1963年、宮城県仙台市生まれ。東北大学大学院文学研究科博士課程単位取得退学。博士（文学）。現在、日本大学工学部教授。主な著書・訳書に『シェリング哲学の逆説』（北樹出版）、『京都学派』（講談社現代新書）、『実在論的転回と人新世』（知泉書館）、リュディガー・ブプナー『美的経験』、リチャード・J・バーンスタイン『根源悪の系譜』（いずれも法政大学出版局・共訳）など。

JIMBUN SHOIN　Printed in Japan
ISBN978-4-409-03126-1 C1010

マルクス・ガブリエルの哲学
――ポスト現代思想の射程

二〇二三年　八月　一日　初版第一刷印刷
二〇二三年　八月一〇日　初版第一刷発行

著　者　菅　原　潤
発行者　渡　辺　博　史
発行所　人　文　書　院
〒六一二‐八四四七
京都市伏見区竹田西内畑町九
電話　〇七五(六〇三)一三四四
振替　〇一〇〇〇‐八‐一一〇三

印刷　創栄図書印刷株式会社
装丁　村上真里奈

カンタン・メイヤスー著／千葉雅也、大橋完太郎、星野太訳

有限性の後で

――偶然性の必然性についての試論

二四二〇円

グレアム・ハーマン著／岡嶋隆佑監訳／山下智弘、鈴木優花、石井雅巳訳

四方対象

――オブジェクト指向存在論入門

二六四〇円